阅读成就思想……

Read to Achieve

A Comparative
History of
Commerce and Industry

Volume I: Four Paths to an Industrialized World

繁荣的进程

全球工商业通史

上卷

【美】戴维·E. 麦克纳博
（David E. McNabb）
———— 著
赛迪研究院专家组
———— 译

中国人民大学出版社
·北京·

上篇
通往工业化之路的四条途径

前 言

历史记载的有关商业的社会制度，本质上是人为选择的。它们通常反映了作者的经验、背景和观点。本书阐述的商贸制度历史也不例外。我在本书中回顾了英国、德国、日本和美国这四个工业大国的发展历史，其中包括我认为对各国现代商贸体制的形成具有重要意义的历史事件和趋势。我们可以用很多方式和角度阐述深厚却常被忽视的商业历史。

本书上下两卷均是基于我的研究最终成稿的。我将在书中对工业和商业这两个社会研究领域的核心概念进行综合概述和选择性分析。其中，我将重点关注上述四国在潜在经济意识形态、社会结构、体制和管理机制等四个方面的特点。因此，本书的目的并不是对所有影响国家商业体制的因素进行全面的、逐一的比较。我从自己在学术和商业领域积累的经验出发，在这本书中选择性地阐述了一些我认为十分重要的话题。书中的观点集中反映了我的兴趣和立场。另外，其他学者对于思想、文化、价值观和民族性格的研究也让我受益匪浅。

众所周知，要想更好地了解一个社会的现状，最好的方式就是追本溯源。以此类推，想要了解一个社会的制度体系，则应该了解这些制度的早期表现。正如崔格维·索尔福森（Trygve Tholfsen）1984年在其欧洲现代商业体制的研究中指出的，任何社会都是其历史发展的产物，都是在日积月累中形成并随时间不断变化的。此外，每个社会都融入了过去产生的元素和片段。

细心的读者会发现,政治经济的共同变革始终贯穿于整本书的叙述中。当今社会有关商业历史的研究著作几乎都出自经济历史学家。如果我们赞同范·多伦(Van Doren)的观点,即所有的严肃历史都是经济历史,那么任何记入史册的历史均与经济事实相关,无论它记载的是什么。我希望本书也能被认为是严肃认真的作品,这也是我创作的初衷。

—— 上卷的结构 ——

第一卷由五个部分组成。第一部分"工商业的开端",介绍商业和贸易在欧洲和亚洲的诞生和演变。商业和贸易是组织和指导经济和社会行为的手段。第二部分"英国工商业的创业精神"重点介绍了英国经济体系的演变。第三部分"德国的管理型工商业"对英国在欧洲大陆最大的工业竞争对手——德国进行了相同的研究。第四部分"日本的网络型工商业"介绍了日本的贸易和商业体系的发展。日本经济增长的历史在很多方面反映了西方商业体系的优劣,但同时日本在自己的文化和经济方面也有独创性。第五部分"美国的竞争型工商业"中考察了延续自英国反叛的意识形态和经济体系中的管理制度。

第1章"早期文明中的商业和贸易"概述了现代商业作为一种社会制度和一种经济制度是如何开始以及在哪里开始的,本章的内容主要集中于地中海盆地、欧洲的贸易和商业的发展。

第2章描述了工业革命之前英国的商业和贸易。第3章讲述了英国崛起的故事,分析了它如何逐渐在世界经济和制造业中获得了看似不可动摇的地位。第5章把叙述重点从英国转移到了德国。比起英国工业革命的诞生,德国的工业化晚了近一个世纪。在对19世纪早期德国商业体系的基础进行了初步回顾后,第6章描述了德国工业化和一种演变成所谓的有组织的资本主义的经济体系。第7章描述了德国从"有组织的资本主义"到后来被称为社会资本主义的转变。

第 8 章回顾了一些主要的思想观念和传统，它们不仅影响了日本的商业体系，而且影响了整个日本社会。日本的工商业体系的历史可以追溯到该国几乎完全隔绝于世的时代，并持续了数个世纪。在我们所研究的这四个国家中，只有日本经历过这种完全与他国隔绝的状态。本书介绍了这种隔绝的原因以及日本被迫打破隔绝而产生的痛苦与怨恨，以帮助读者了解为什么日本商业体系是以这种方式发展起来的。这部分其余章节概述了日本商业发展的主要阶段的其他关键事件或时期，包括第 9 章描述的镰仓幕府时代和第 10 章提到的德川时期。这些时代都有一个特点，即日本几乎完全与世隔绝，武士阶级很有权势。日本在这一时期的社会模式大致相当于中世纪欧洲的封建制度。

第 11 章回顾了殖民和革命时期的商业。美国南北战争后（第 12 章），美国的商业以其早期现代形式出现，铁路建设迎来了第一个飞跃期，从而刺激了对钢铁、机车和其他工业产品的巨大需求，并产生了美国第一批训练有素的职业经理人。第 13 章介绍了这一时期迅速发展的大企业的出现以及现代企业的演变。

— 下卷的结构 —

下卷从第六部分开始，共包含五个部分。第六部分简要介绍了工商业发展的进程，并用一个章节回顾了塑造早期商业和贸易模式的事件，同时对经济和社会历史进行了组织和串联。第七部分讲述了英国经济体制如何主导世界，又如何被自身拖累并备受竞争对手打击的系列历史事件。第八部分重点介绍了德国早期的工业发展。早期的德国与美国齐名，是英国最强的竞争对手。第九部分介绍了日本的贸易和商业体制。从多方面来看，日本的体制体现了东方所有商业体制的优缺点，但同时又是其传统的文化和经济发展的独有产物。21 世纪，日本花了数十年时间，仍未能摆脱其缓慢的甚至负增长的经济发展模式。此外，日本现在的所有市场都受到了来自中国市场的激烈竞争。第十部分讲述了美国的工商体制。美国在第二次世界大战后逐渐成为世界经济的领导者,并成功引领了世界经济的趋势。

第六部分"向工业化社会转型",综合描述了自19世纪末到20世纪初的几十年中现代商业的发展进程。第14章介绍了工商业的发展进程。第15章以一个经济故事开篇,解释了商业和贸易在何时、何地,因何种原因而开始出现并蓬勃发展。

第七部分"英国工商业的转型"从第16章开始,讲述了从19世纪末到20世纪初,助推英国工商体制形成和改革的社会经济因素。第17章讲述了第二次世界大战后有助于英国在全面复苏的全球经济中缓慢恢复其经济和制造业竞争力的事件。第18章描述了英国初现衰退征兆,但此时仍占据着欧洲主要经济体的重要地位。尽管如此,在选择新行业方面,英国仍是极具创新精神的领军者。本章也对英国作为世界最大的贸易组织中的主要国家的未来进行了展望。2013年,克罗地亚成为第28个欧盟成员国。

在第八部分"在战争与和平下的德国工商业"中,第19章开始介绍从1890年开始到第一次世界大战结束时,德国在煤、铁和钢材等行业的发展与崛起。第20章叙述了两次世界大战之间(1919—1939)的德国商业发展,以及其从传统的计划资本主义向社会资本主义的转变。第21章讲述了第二次世界大战后德国的商业发展,以及当时德国的经验(在今天被称为福利资本主义)。第二次世界大战后,德国经济得到了奇迹般的发展,并进入全盛时期。本部分以略带悲观的视角审视了崭新的、统一的德国仍然挣扎着维持原有的主要经济引擎地位,引领着欧盟成员国经济的发展。德国工业经济主要依赖俄罗斯,大部分能源由俄罗斯供应。而俄罗斯经常减少的能源供应是对德国面临的潜在威胁,这一直是悬在德国经济头上的一把利剑。

在第九部分"日本通向现代工业化国家的路径"中,第22章探讨了日本明治时期结束之后的商业体制改革。第二次世界大战结束后几近毁灭的日本经济后来又发展成为世界上第二大经济体。第 23 章介绍了日本对外开放，努力学习西方科技和商业管理，并在这个过程中成为第一次世界大战同盟国成员之一。在这段时期的晚期，日本发展了强大的商会和财阀网络，以无比强大的力量主导着这个岛国工商业的发展。第 24 章评估了日本在不对其商业体制进行重大改革的情况下，试图在未来全球商业体制中保持主导地位的能力。

在第十部分"美国工商业在全球经济中的竞争"中，第 25 章讲述了大公司的快速增长和崛起。第 26 章讲述了两次世界大战期间的美国商业体制，随后对 1945 年之后的体制改革进行了论述。第 27 章讨论了 21 世纪初期美国面临的挑战，并以此结尾。

在当今时代，形势瞬息万变，对工商业的影响也更难琢磨。因此，对未来商业体制和商业机构的任何预判都只能被视为一家之言。然而，历史趋势确实倾向于遵循相对固定的道路，朝着一个方向发展并在有限的范围内变化。本书是我通过四个工业大国的案例分析，对过去和现代商业体制改革进行的阐述和评论。

目 录
Contents

第一部分　工商业的开端

第 1 章　早期文明中的商业和贸易 /003

文明的种子 /004

罗马帝国之后的商业 /007

封建庄园 /009

中世纪的城镇和村庄 /011

日本的城镇 /011

封建制度对商业的贡献 /012

科技和发明的贡献 /014

人权的概念 /014

第二部分　英国工商业的创业精神

第 2 章　英国工商业的基础 /019

早期的商业和贸易 /019

中世纪英国的商业 /022

一个国家的形成 /025

英国乔治时代的商业 /028

工业社会的诞生 /028

贸易商人 /031

变革加速 /036

第 3 章　英格兰和威尔士的早期工业化（1760—1814）/039

工业革命 /040

早期的工业现代化 /044

工业协同效用 /048

第 4 章　全球工商业的领导者（1815—1914）/059

英国工业领导者的时期 /059

煤炭、铁和棉花（1842—1873）/064

钢铁时代的英国（1870—1914）/067

第三部分　德国的管理型工商业

第 5 章　德国工商业的基础 /075

定义德国 /076

领土与人民 /078

发展阶段 /080

民族性的形成 /085

中世纪商业和贸易（1350—1500）/087

第 6 章　现代以前的德国商业（1350—1800）/095

中世纪的商业与贸易 /096

过渡阶段的商业（1500—1650）/098

前现代化时期的商业（1650—1800）/103

第 7 章　德国统一后的工商业（1871—1914）/109

推动变革 /110

建立德国 /113

德国工业化的阶段 /115

第四部分　日本的网络型工商业

第 8 章　日本工商业的基础 /129

农业经济 /131

日本民族的重要时刻 /133
早期的商业实践和商业制度 /144

第 9 章　镰仓与足利 / 室町幕府时代的商业 /149
镰仓时代 /150
足利 / 室町时代 /156
一个时代的终结 /159

第 10 章　德川时代闭关锁国下的工商业（1603—1868）/163
不断变化的经济 /164
德川时代的商业 /171
被管理的资本主义经济 /176

第五部分　美国的竞争型工商业

第 11 章　殖民时期美国的商业和贸易（1609—1789）/181
美国经济发展的阶段 /181
殖民时期的商业和贸易 /184
新世界的重商主义 /185
后殖民地时期 /189

第 12 章　独立战争后的商业与贸易 /195
关键行业的变化 /196

第 13 章　一个工业国家的兴起（1865—1920）/207
组织架构的变化 /210
企业的整合 /213
消费品工业的发展 /214
规模化生产与规模化销售 /216

A COMPARATIVE HISTORY OF COMMERCE AND INDUSTRY

第一部分

工商业的开端

第 1 章

早期文明中的商业和贸易

在本书上卷中,我介绍了商业、贸易和工业在全球四个地区的历史,它们分别是:英国,尤其是人们熟知的英格兰和威尔士;神圣罗马帝国,其现代的延续就是我们熟知的德国;早期的亚洲经济强国日本;后来成为美国的北美殖民地。我的叙述聚焦于商业、贸易和工业等经济活动在这些地区的演变。

普莱德、休斯和卡普尔将企业(business)一词定义为"个体为获取利润而努力有组织地生产和销售能满足社会需求的产品和服务"。商业(commerce)一词是一个更广泛的术语,包含了促进商品和服务交换的所有必要的活动。它可以由企业、非营利组织或者政府实施。贸易(trade)是指批发商和零售商为了金钱或者其他有货币价值的物品而进行的商品和服务的买卖。当贸易发生在一个国家的内部时,它被称为国内贸易;当跨越国界时,它就是对外贸易或者国际贸易,并且被记录为出口或者进口(如图 1–1)。工业(industry)指个体或者组织以某种方式或者在一定程度上对原材料进行处理,加工成非自用的零部件或者成品。它也可以用来定义某一个特定类别的制造业,如钢铁工业或者汽车工业。因此,工业既是一种经济活动,又是一种经济活动的制度。人类用智慧发明了工业方法来大规模生产和销售商品,这是现代经济活动的标志，在这之前的几个世纪里，贸易一直是主要的商业活动。

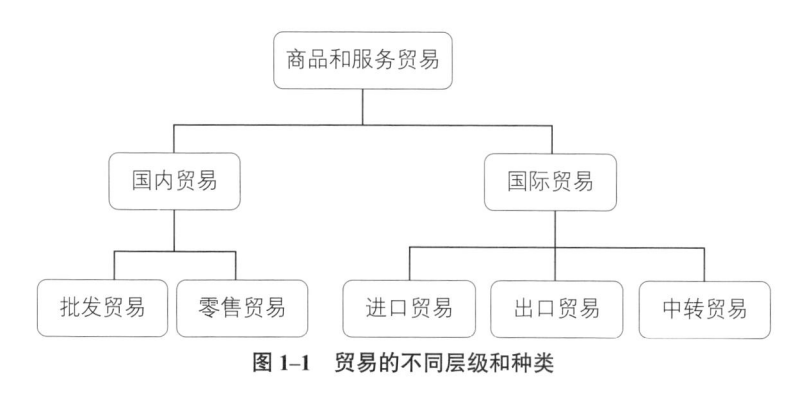

```
                    商品和服务贸易
              ┌──────────┴──────────┐
           国内贸易              国际贸易
         ┌────┴────┐         ┌──────┼──────┐
      批发贸易  零售贸易    进口贸易 出口贸易 中转贸易
```

图 1-1　贸易的不同层级和种类

— 文明的种子 —

在人们的认知中，西方文明的第一批种子大约出现在 10 000 年前的三个粮食种植区：位于今天伊拉克的底格里斯河和幼发拉底河之间的区域，今天巴基斯坦的印度河沿岸地区，以及今天埃及境内尼罗河下游区域。狩猎者在这些土地肥沃的地区定居下来，开始了灌溉和耕作。由于洪水沉积的肥沃土壤和水资源供应可靠，他们得以在人类历史上第一次生产出过剩的食物。因为食物持续盈余，人们得以建立起第一批永久定居点。世界上第一批城镇就是在这些村落中诞生的。最初的城镇由一些牧师领导的政府进行神权统治，精神领袖控制了种植、收割，在需要的时候进行盈余分配，并培养人们对某个或者多个神灵的崇拜。然而，祭司和百姓都被禁止经商。在许多早期社会中，以盈利为目的的交易、销售或贷款是经常被鄙视或者断然禁止的。

人类在这些河谷定居之前，已经存在很长一段时间了。人类学家认为，早在 500 万年前，甚至可能更早，与现今人类具有相似特征的第一种类人灵长类动物已经在非洲大陆进化了；原始类人灵长类动物可能早在 2000 万年前就出现了。灵长类动物进化的第一个迹象可以追溯到大约 6000 万年前。用一个商业化比喻来说，现代人可以说只是漫长的"产品研发"中的最新型产品。

最早的人类像所有其他动物一样寻找食物。他们以地为床，没有任何遮挡，顶多是蜷缩在山洞里。他们的财产只限于自己能够携带的物品。这样的生活持续了数百万年，其间只发生过相当缓慢且细微的变化。人们为了生存而不断地进行斗争。直到过去数百年里，人们才有了比较长的喘息时间。

印度、美索不达米亚、希腊、腓尼基和罗马创造了伟大的早期文明，然而这对大多数人而言都意味着艰苦和繁重的劳动。到了中世纪，文明的格局已经奠定：盛世飨宴转瞬即逝，长久的饥荒随之而来。战争带来了朝贡、领土和其他的奖励，但也带来了毁灭、饥荒和疾病。生活从来都不是那么容易的。

不断地斗争

无论我们从1200万年前、20万年前，还是仅仅从1万年前开始回顾人类的历史，对于曾经生存过的大多数人类而言，生活一直是一场持续的斗争，每天要寻找足够果腹的食物，每晚要找到一个安全且干燥的睡觉的地方。一直到我们的高祖父母时代，越来越多孤立的个体开始梦想着过上体面的生活。根据罗森伯格（Rosenberg）和伯泽尔（Birdzell）所言，几千年以来的人类生活是"一个几乎无法解脱的悲惨故事"，社会上的大多数人都生活在"极度的肮脏"中。或者正如托马斯·霍布斯（Thomas Hobbes）于1651年所说，人类过着"孤独、贫穷、肮脏、野蛮且短暂"的生活。

在最后一个冰川时期之前，智人从中东迁徙到欧洲。约2万年前，他们已经进化到可以在法国和西班牙的洞穴墙壁上作画。大约在同一时期，智人的其他分支开始慢慢地向整个亚洲迁移，有些人甚至漫步穿过了当时存在的大陆桥，到达如今的阿拉斯加地区，随后占领了整个北美洲和南美洲。

既然现代人类经历了如此长时间的进化，那么商业和贸易也应该有一段悠久的历史，这个假设貌似合乎逻辑，但实则不然。尽管人类在地球上存在已久，但商业和贸易制度只有大约5000年历史，它最早的萌芽出现在公元前3000年左右的美索不达米亚。从人类进化的规模上看，经济和社会制度毫无疑问是相对较新的发明；它们都是真正的现代发明。

在发现美洲大陆后的数百年间，欧洲各国、美国、加拿大、澳大利亚、日本和其他一些地区都经历了历史上罕见的进步和繁荣阶段，惠及了世界上1/10以上的人口。尽管其间爆发了几次可怕的全球战争，但这一切依然发生了。在前几个世纪的大部分时间里，大多数人被迫长期处于饥荒中或者生活接近饥荒，只有通过非常短暂的相对丰裕来得到周期性的缓解。

贸易增长的条件

在过去三四千年中，人类只经历了几个短暂的缓慢但稳步增长的繁荣时期。除此之外，在历史长河的大部分时间里，人们想维持一种体面的生活简直难以想象。那几个时期中，人们的生活水平已经发生了巨大的变化，完全是革命性的。这与之前截然不同，而且这些变化如此迅速，以至于我们必须停下来想想，是什么让世界在如此短的时间里发生了如此巨大的变化。为了找到答案，我们必须回到两千年前，因为那时已经具备了开始这些短暂经济增长的必要条件。最早的商业和贸易活动出现在三次相对短暂的经济井喷式发展期。

第一次井喷式发展出现在罗马帝国的数百年间。在罗马的和平时期，基础设施得到了前所未有的改善，如修建公路、兴建中央和地方仓储设施、修建港口以及广泛改进设备。这都是为了让罗马文明能够开发这两个大陆的自然资源。在开发建设的同时，罗马人也传播了关于农业生产、仓储配送以及行政管理的先进技术。罗马的工程师设计了一些系统，为人们带来了安全、清洁的水源，使大多数公民都能够享受到文明社会的一些好处。

强有力的政府官僚机构保证了罗马统治社会的持续性，为实现对社会的最高统治而进行血腥镇压。很少有上层阶级的罗马人从事商业活动，被统治的大众欣然接受了追求商业利润的角色。上层社会的罗马人更喜欢在奢华的庄园中享受恣意的生活，不时会陷入短暂又激烈的政治内斗中。与此同时，罗马的所有商人、政府采购商和个体商人都跟随着罗马军团的步伐，充分利用着四通八达的道路和不断增长的罗马市场。从多方面看，现代商业显然是罗马人的发明。

罗马帝国之后的商业

公元 5 世纪，罗马帝国灭亡，早期罗马政府支持的社会和商业基础设施崩溃。在接下来的 500 年，人类进入了我们现在所说的"黑暗时代"，生活甚至比罗马繁荣之前更加凄凉。当然，商业继续运作，速度已大幅降低。自给自足的庄园社会取代了罗马征服者创造的经济。然而，大约在 10 世纪末，罗马第二次出现了缓慢的经济发展，人口开始缓慢而稳定地增长，城镇数量也随之增加，实力得以增强。城镇规模和数量的增长反过来又推动了战争、建筑、交通和农业等技术的稳步发展。

在这个短暂发展的巅峰时期，汉萨同盟（Hanseatic League）形成了。这个同盟是由北欧诸多独立的、高度商业化的城市组成的松散同盟。同时期，意大利出现了强大的贸易和银行家族，如美第奇家族。中世纪，德国商人为了互保而联合成立了汉萨同盟。在德国，这种互惠互利的协会被称为汉萨。在 12 世纪，德国汉萨多分布于波罗的海和北海的重要口岸，包括不列颠群岛的分支。最终，吕贝克（波兰）和科隆（德国）的汉萨团体联合起来，形成了一个由近 100 个城镇组成的汉萨同盟。

汉萨同盟在其鼎盛时期，控制了丹麦、挪威、瑞典、英国以及波罗的海沿岸国家几乎所有的对外贸易。联盟城市和其他地区之间的贸易主要是通过以物易物的方式实现的。例如，德国的谷物被运到斯堪的纳维亚，以换取琥珀、毛皮、鱼类和松香。斯堪的纳维亚的咸鱼和毛皮沿着莱茵河、易北河、奥得河被运到欧洲中部和南部以换取羊毛、金属制品，还从中东和其他地区换取香料。其中很多货物可能是从东方经过漫长的陆路运输才到达中东和东欧的。

通过这种方式，汉萨同盟的合作伙伴们开发了一个前所未有的贸易系统和信息网络。然而，在贸易和贸易网络缓慢却稳定地削弱封建限制和制度的同时，一系列能使所有贸易停滞的天灾人祸已初露端倪。由于欧洲大陆势力的竞争日益激烈，以及黑死病蔓延导致的对外国人的恐惧和市场缩减，汉萨同盟开始失去绝大部分权力。毁灭性的战争、饥荒和瘟疫等一系列事件关上了经济增长的大门。

14世纪，一系列灾难，尤其是瘟疫，使西方人口锐减，经济和社会发展再次停滞不前。约2500万欧洲人在瘟疫中丧生。这一时期英国和法国的百年战争（1377—1453）爆发。到1600年，汉萨同盟已不复存在。世界陷入了近200年的黑暗之中。

经济转型阶段

肯尼思·N.卡梅伦（Kenneth N. Cameron）提出，大多数工业化社会一旦跨越了传统或者维持生计的水平，就会经历三个社会经济阶段：封建、商业-封建以及商业-资本主义。对商业体系的研究始于对封建时期生活百态的观察。欧洲在纯粹的封建时期，几乎不存在商业活动。然而，大约在13世纪，商业活动已经开始在诸多封建社会深深扎根。随着16世纪末中世纪落下帷幕，商业活动代替农业生产逐渐占据了经济活动的主导地位。

在追溯商业体系发展历史的时候，最好从这些经济体和所有其他经济体同样贫穷时开始。对我们来说，这意味着我们要从中世纪的欧洲开始研究。这段时期与日本的镰仓时代（1185—1333）大致吻合。镰仓时代见证了武士阶级的崛起，并贯穿了日本战国时期（1467—1573）的大部分时间。与欧洲一样，日本封建主义在政治和文化上都以封地、封臣和强大的军事实力为特征。

封建主义并非欧洲独有。12世纪初，封建主义根深蒂固。作为占主导地位的社会制度，无论是在埃及、印度还是中国，封建主义几乎以相同的形式存在。封建主义在日本兴起的时间与它在欧洲形成的时间相同。

封建主义最初是指土地所有者只作为君主的佃户拥有土地，以换取君主提供军事服务的制度。它后来演变为对土地和农奴的所有权。劳工被限制在自己主人的领地，并且祖祖辈辈从事同样的职业。在农奴制度中，农业工人被束缚在土地上，他们在出生的时候就承袭了农奴的地位，没有权利去选择更有吸引力的职业或者领域。

理解封建主义最好的方法是研究它的三个主要特征。

第一，农业在该地区或国家的经济中处于绝对的中心地位。多达90%的人口在农村，大多数人通过务农来维持生计。当然，已经出现一些城镇和村庄，但从农村到城镇或城镇到城镇之间的人员流动实际上几乎不存在。

第二，在农村地区以及为数不多的城镇和村庄，政治和经济权力由同一个机构（掌握乡村庄园或镇行会）。在日本，这种权力掌握在武士家族手中，他们在类似庄园的地方过着相似的生活。在城镇或者村庄谋生意味着靠一门手艺度过一生，而要掌握这门手艺需经历漫长的学徒生涯。选择什么职业或者学什么技能经常由父亲决定，而且往往是在父亲所在的行会中。

第三，在中世纪，价格或价值是根据习俗、惯例和法律确定的，而不是由交易者协商或市场力量确定的。交易往往是强制性的。按照惯例或法律规定的条款，工匠和农民有义务提供产品和服务；没有人有权利拒绝以固定的价格交易。

—— 封建庄园 ——

庄园作为一种经济组织形式，有三个特点值得认可：(1)控制人类政治和经济方面的活动；(2)使用奴役劳动力；(3)高度自给自足。这几个特征并不是庄园制度独有的；相反，它们几乎体现了一脉相承的古老做法。人们都认为这就是生活本来的样子，过去一直是这样的，将来也永远不会变。

庄园是庞大的封建社会的重要组成部分。庄园主担任着当地的酋长和领袖的角色，这种角色在原始社会早期就确立了。家庭、氏族和对部落的忠诚构建的复杂网络包裹着领导和被领导的关系。随着早期近东文明中出现第一批古代国王和祭司国王，这些原始关系呈现出更多的仪式形式。随着庄园的发展，庄园主开始控制政治和经济的所有决策权，例如在哪里种植什么、和谁开战、什么时候修路和修桥，等等。除了担任当地的总指挥官，庄园主还扮演着法官、治安官和银行家的角色。在庄园中唯一有自主权的就是宗教活动，因为祭司仍然是合法的庄园权力之外的等级制度的一部分。

强制劳动是庄园制度的一个基本特征。农民耕种庄园主统治的大部分土地，作为交换，他们能获得小块土地的耕种收益。农民还需要按照规定的天数完成修建道路和桥梁以及维修、开沟、修复庄园建筑等其他任务。这样的强制劳动不仅限于农民。磨坊主或者铁匠一生都以碾磨谷物和打铁为生，像农民效忠于地主一样，他们向庄园主提供的服务只按照惯例收取费用，而不是根据供求来决定。在庄园制度中，任何变化都会影响到整个契约网络，因此很少出现变化。

虽然货币的供应极为有限，但它在庄园制度中发挥了作用。在庄园内部，最根本的交换涉及以劳动力换取土地使用权，但是农民也被迫为许多其他服务支付费用，这些服务只能由庄园主提供，如碾磨谷物、使用烤箱烤面包、榨苹果汁或葡萄汁、锯木，等等。此外，农民不履行常规责任或出现其他违规行为还需要交纳罚款，在城镇和集市上购买或出售商品和服务也需要钱。部分教会的什一税也需要用硬币支付，尤其是对城镇居民而言。这样，城镇而非农村庄园最终成了商业活动和资本主义的中心。

— 中世纪的城镇和村庄 —

自从文明的曙光出现，城镇就已经成为行政活动和教会的中心，或者出于军事目的成为交通枢纽，在守卫城市主要的河流浅滩等行动中发挥着重要作用。不管是什么原因，城镇都不像封建庄园那样自给自足。例如，在护城墙内，人们无法种植足够的食物来养活自己，其结果是城镇被迫成为本地和长途贸易的中心。城镇居民不得不进口食品并出口成品和服务。原材料，如木材、皮革、羊毛、亚麻、铁、石头和黏土都来自农村，用作燃料的木材、煤或泥炭同样也都来自农村。要获得这些资源，通常唯一可能的办法就是得到控制所有土地的庄园主的默许。

直到中世纪晚期，城镇一直保持着较小的规模，相对没那么重要。后来城镇对农村经济的重要性逐渐显现，最终不得不与贵族和其他土地所有者建立了新的关系。很快，少数城镇从它们的君主那里获得了特许，有了一定的特权和自治权，而庄园无法拥有这些权利。

通常情况下，一个城镇想获得任何自治权都需要从君主那里购买宪章，而君主长期需要现金来支持日益庞大且开销巨大的军队。宪章的细节是单独协商确定的，并不总是通过暴力手段实现的。这些宪章授予了该城镇特有的不同程度的自治权，没有通用的模式。作为回报，城镇有义务根据君主的需要提供现金、劳动力、武器和其他货物或服务。这些回报都给了许诺最多的人，而不一定是拥有城镇土地的贵族。例如，在英国、法国和西班牙，城镇倾向于与在君主和封建贵族的争斗之中新兴的君主结盟。因此，随着中世纪的结束，封建领主失去了政治和经济权力，而城镇则获得了这些权力。

— 日本的城镇 —

在日本，城镇建立的原因大致与欧洲的相同。这些城镇最初是征税的中心，然后逐渐发展为市场中心。在战国时期，日本很多地方的中央机构消失了，当地的农民组织联合起来保护自己免受战火的伤害。1972

年，梅森（Mason）和凯杰（Caiger）指出，随着日本的很多农业村庄都实现了自治，最成功的农民群体联合在一起长达一个世纪之久。只要交税，城镇就能获得安全保障。为满足当地"地头蛇"的统治需求，日本还出现了另一种城镇——城下町，那里聚集了武士封臣、商人和工匠，可以轻易地建立纳税市场。尽管日本的城镇取得了一些发展，但我们必须注意到，正如欧洲农民仍被束缚于他们的农场一样，日本的大多数人口仍然是种植水稻的农民。

传统的力量

欧洲和日本的城镇日益形成了规模，但这些城镇中出现的商业活动与今天的商业体系只有一丝相似之处。在欧洲，大部分工业和贸易行业都由行会独家垄断。教会长期受"公正价格"和"公正工资"观念的主导，设置道德规范，以控制价格、学徒工和熟练工的工资、产品质量和工艺、行业准入条件，人们有义务以既定的价格和工资进行贸易。行会迅速获得并行使政治权力，制定了具有约束力的规则，并对违反规则的行为进行审判、罚款和其他惩罚。

在日本，所有主要创造财富的活动，如大米批发、采矿、矿产生产，都受到地方军阀（大名）的严格控制。商人和工匠虽然受到严格控制，但仍然保持着独立。封建领主用土地使用权换取军事保护。在欧洲和日本，当其他条件都相同时，领主的土地权属及其服兵役的义务与家族息息相关。

—— 封建制度对商业的贡献 ——

尽管封建制度确实存在缺陷，并且会带来沉重的社会成本，但西欧和日本的封建制度似乎都蕴含了社会制度的萌芽，这种社会制度适合维持经济增长和企业活动。从黑暗时代（Dark Ages）至今，城镇的发展及由此产生的小的专业商人和贸易商阶层都有迹可循。但是，封建主义也有另外的一面，它提倡的多元化意识对政治和经济发展具有更基础性的影响。

欧洲和日本的体制导致出现了多个权力中心，每个权力中心都是一定程度的军事力量及其支持的地方经济的联合。双方的权力和责任由法律和习俗规定。

封建主义的没落

封建机构的任务是维护安定，而不是促进变革和发展。随着西方社会逐渐从稳定走向发展，封建主义已经无法跟上时代的步伐。随着中世纪末期兵法的创新，作为军事要塞的封建城堡已经不再重要了，再也没有任何理由对它们进行成本高昂的维护或者提供避难所。封建骑士让位于运用骑兵、弓弩、长矛和大炮的职业军队。由于缺乏经济理由，在支付新式职业军队费用方面，庄园无法与发展中的城镇竞争。此外，城镇和军队规模逐渐扩大，对农业生产提出更高的需求，利用小地块进行强制劳动的庄园显然无法满足这种需求。此外，超出人类控制的事件很快就加速了封建制度的消亡。

黑死病是由大鼠身上的跳蚤传播的。1348年，该病沿着从中国到西方的贸易路线传播，扩散至法国、意大利、德国和英国。在短短几年内，欧洲接近1/4的人口因此丧生，劳动力极度短缺，工资大幅上涨。幸存的工人获得了政治和经济权力，最终他们提出了对工作和居住地的诉求。随着瘟疫幸存者获得了新的权力，封建主义的最终灭亡拉开了帷幕。

新发现带来新增长

16世纪，西方进入了第三次经济繁荣期。自第一次航海大发现后，欧洲开始对新世界进行殖民统治和开发，建立了通往亚洲的海上而非陆上的香料和丝绸贸易路线，从而刺激了经济增长。这个时期为18世纪发生的重大变化（如工业革命）奠定了坚实的基础。但是，这种改变用了几百年才完全实现，如今我们所认识的世界直到 18 世纪和 19 世纪才出现，其间发生的事件及其时间都被完整地记录了下来。然而，人们对于这些事件为什么会发生却没有达成共识。有人认为原因包括以下几个方面：科学发展、发明创造兴盛、人们能利用知识和工具开发自然资源、心理因素（如这个时期出现的"强盗贵族"的不当行为）以及好运气。

── 科技和发明的贡献 ──

人们常说，过去 200 年前所未有的经济增长和繁荣是因为科技的推动。在 17 世纪，科学迎来了第一次重大发展，一种新的世界观形成了。范·多伦（Van Doren）认为科技是 17 世纪的重大发明。当时的人们学会了采用如今被称为科学的方法来预测、解释和利用自然现象。不久之后，人们就利用科学方法技术产出了经济利益。

当这些思考世界的新方式在欧洲形成的同时，欧洲大陆大部分地区刚刚摆脱封建主义。自 1500 年之后的几百年间，中国和伊斯兰国家而非欧洲引领着世界的科学发明。然而，一旦西方占据了领先地位就再也未被改变。直到过去 20 多年，亚洲部分国家才开始重新夺回它们在探索以及全球经济方面的领先地位。

西方经济腾飞的原因可归结为能较好地利用自然资源（如英国和德国的煤炭），或者能以合理的成本获得其他资源（如从殖民地获得资源）。但是，更有可能的是，它们能有效地利用自然资源以及资本的可得性来使国家实现工业化。这些因素无疑在 20 世纪的经济增长中发挥了重要的作用。

── 人权的概念 ──

从 16 世纪到 19 世纪中叶，私人或者团体通过要求或者谈判获得了多项权利，商业公司才得以发展。这些谈判的成功也得益于城镇及其居民的权利和独立性缓慢地日渐增强。这些居民首先包括生产服装、金属制品和类似生活必需品的工匠和手艺人。他们很快组成了公会，甚至开始掌权。交易商和商户一起加入了工匠的阵营，从而能够在谈判中使贵族做出更多的让步。

在普通公民获得的所有让步和权利中，有四项非常重要。第一，人们获得了创办企业的权利，政治和宗教方面的限制较少；第二，这些新企业集团通过谈判获得了收购商品并进行转售的权利，这方面也很少有或者根本没有干涉或限制；第三，工匠行会被颠覆，企业有权在它们早先被严格限制的业务章程中增加新的且不同的活动，并可以从一项活动几乎不受限制地切换到另一项活动；第四，当企业的资产和利润持续被征收在我们看来可能非常高的税率时，其财产可以避免被政治当局任意没收或者征用。

这些发展使个人和团体为追求承诺的奖励，愿意承担建立和经营商业企业的风险。正是这些权利为股份公司的最终出现创造了条件，股份公司也就是我们现在所说的企业。这也为现代商业体系的出现奠定了基础。

结　语

纵观人类历史，商业和贸易的文化制度相对较新。显然，这些早期的社会和经济活动经过了数百万年的进化，随着人类文明的发展，也从个人与其邻居的简单交易发展到最终成形。

在这一时期的前半部分，绝大多数人都过着被描述为"几乎无法解脱的悲惨生活"。仅在近 200 年左右，大多数人才能够享受到高度的富足。经济学家都一致认同罗森伯格和伯泽尔的结论，即贸易、技术（企业）和组织方面的创新，以及资本、劳动力和可用自然资源的增加，是驱动全球工业经济持续增长四五百年的直接动力。在社会体系中，私营企业的出现与追求利润的动机一起造就了个人成就与回报，使经济的连年增长成为可能。尽管宗教和世俗政府给商业施加了诸多限制，但中世纪时期并不完全是商业的灾难；相反，这是国际贸易缓慢且稳定增长的时期。越来越多的自治企业跨越了地方权力、宗教和风俗的旧边界。一个意识到自身利益的新商人阶层出现了，他们嫉妒并鄙视旧贵族以及教会所行使的权力。

贸易一直涉及两个要素：被交易的商品和进行交易的人。贸易活动是指购买、处理和销售产品以及培养和促进贸易中各类关系发展的某种形式的社会制度，因此，贸易意味着共享新观念、交流新知识和新技术。在14世纪的灾难中，人们播下了如今社会和经济制度的种子。

A COMPARATIVE HISTORY OF COMMERCE AND INDUSTRY

第二部分

英国工商业的创业精神

第2章

英国工商业的基础

要了解英国为何以及如何成为一个贸易大国和第一个从农业经济向工业经济转型的国家,我们必须从分析这个岛国的位置着手。英国距离法国海岸大约20英里[①],与北欧隔北海相望,这使其近到足以充分利用一个庞大的大陆市场,又远到以一种不太一样的模式发展。它不仅没有被迫与邻国进行贸易,而且没有受限于邻国的贸易限制、通行税或关税。从一开始,当它想与其他国家交流时就必须转向大海,航海技能增强了它的区位比较优势。之后,当地的南北大陆贸易逐步被长距离的东西方国际贸易所取代,英国商人们已经完全做好了充分利用新的商业机会的准备。

—— 早期的商业和贸易 ——

公元前6000年到公元前5000年之间,大西洋板块移动后,英吉利海峡和北海陆桥消失了。大自然的变动使一个森林茂密、人口非常稀少的岛屿从大陆分离出来。除了少数打猎者还栖居于此,这片土地上再无其他人。英国人的第一批真正的祖先是拥有新观念和新技术的水手。他

---

① 1英里=1.6093公里。——译者注

们最初从大陆来到这个岛屿可能是为了寻找锡和铜；康沃尔半岛布满了浅锡矿，其中一些矿到现代还在开采。

另一群移民是来自伊比利亚半岛或法国南部的部落家族。他们从陆路跨过欧洲，最后穿越不足 20 英里宽的英吉利海峡，最终定居在英国西南部。这些最新的移民带来了粮食种植和畜牧、织布和陶器等方面的各种知识。他们建造定居点，在茂密的森林中开辟农田精耕细作，开采燧石并打磨成刮刀、刀、斧头和长矛尖。与此同时，早期移民还建成了一些大的土冢用作普通的坟墓。

来自亚洲大草原的族群追随这些会使用燧石的入侵者到达这些岛屿，彼时畜牧业在这里已经相当成熟。这些后来的殖民者经过漫长的旅程，穿过北欧到达英国，利用他们在英国发现的锡和铜制作了木犁和青铜武器。这些定居者占领了英国南部，持续统治了大概 1000 年。在此期间，他们在埃夫伯里和巨石阵建造了巨大的石环。在耕种英国白垩质土壤的同时，他们还保留着早期畜牧业的传统，这与后来英国的养羊人和羊毛织工有直接的关系。

大约在公元前 1000 年，高卢人来到英国。这些身材高大、蓝眼睛、红头发的人从东方进入欧洲，起初在法国北部定居，并用他们的名字命名了这个国家。在之后五六个世纪的时间里，他们慢慢跨过海峡，定居在爱尔兰和英国，并很快统治了这两个岛屿。为了生存，土著居民只能被同化或被驱赶到威尔士和康沃尔的丘陵和沼泽地区。

由于特殊技能在此之前已经精进了几个世纪，因此不同族群之间的贸易慢慢开展起来。金属制品是特别有价值的贸易商品。从高卢来的侵略者带来了铁匠，将铁器引入了英国。他们锻造了剑、矛尖和车轮，但更重要的是引入了牛拉铁犁。英国坚硬的土地原来都依靠手锄和木犁耕种，铁犁第一次取代了旧的工具。农业生产率提高了，人口也随之增长。

这批使用铁器的定居者在英国开始耕种田野，兴建永久村庄。在战争中的胜利和农业上的成功使他们不断地繁衍壮大，人口达到了 50 万，占到了英国人口的 1/6。其余的土地仍然被幽暗茂密的森林覆盖着，没有得到开发。

罗马人的入侵

公元 1 世纪，罗马人入侵英国。公元前 55 年，在恺撒大帝的领导下，罗马入侵者第一次到达英国，当地被一个强大的部落占据着，人们用蓝色颜料涂脸。罗马第二次入侵开始于公元 43 年，大约 40 000 名士兵来到了这里。他们带来了强大的纪律严明的军队，铺设道路和石桥，建造围墙环绕的城市，也带来了罗马在 400 多年的扩张和殖民中不断完善的法律和行政官僚体系。高卢人和其他反抗罗马在欧洲大陆的统治的部落常常与罗马军队交战，罗马农场成了罗马军队的粮仓。

罗马军队、农民和商人在英国停留了接近 400 年。在鼎盛时期，他们兴建了 50 多个大型城市，遍布英国南部。为了保护自己免受土著居民的掠夺，他们将居住地向北延伸到了苏格兰，并且修建了哈德良长城——横跨英国全境的绵延 73 英里长的巨石防御工事。他们还在这片土地上创立了一个新的宗教，为罗马诸神建立了庙宇，最终促成了对罗马皇帝的崇拜。

罗马人统治下的贸易

除了法律和道路，罗马人对英国最重要的贡献可能是建立了复杂的国际贸易体系。罗马人将当地的谷物、矿产（锡和铜）、猎狗和奴隶带到南部进行贸易，换取珠宝、雕像、葡萄酒、橄榄油、香料、马赛克、玻璃和陶器。在罗马人的指导下，英国发展成为"北部粮仓"。然而，到 4 世纪末，罗马在英国的统治戛然而止。野蛮人正攻占罗马，所有军队都需要守卫都城。最后一支罗马军队大约在公元 406 年离开英国，从此再也没有返回。

即使在罗马统治英国期间，来自北欧的各方势力也不时地对这座岛屿发动袭击。罗马军队撤离后，一些入侵者开始盘踞在岛上。公元7世纪初，数量最大的一群入侵者，即来自德国北部和西部的撒克逊－盎格鲁人彻底征服了留下来的为数不多的罗马人以及在罗马结束统治后回归故土的不列颠人。盎格鲁－撒克逊侵略者很快就控制了哈德良长城以南的所有地区。他们的新王国也有了一个新的名字，这座岛屿不再被称为不列颠，而是改称为英格兰。

这些盎格鲁－撒克逊人带来了高超的金属加工技术，能制作精良的剑和盔甲，同时也能制造铁犁和斧头。他们砍伐森林，排干沼泽，并开垦了梯田。他们还建立了新的村庄，并不断向森林深处扩展。

丹麦人一度在英国东部建立了一个他们的王国。从公元8世纪到11世纪，从挪威和瑞典来的维京人（北欧海盗）在英格兰形成的过程中也扮演着不同的角色。1066年，最后一批真正成功的入侵者——诺曼人，由征服者威廉一世率领，从南方来到该岛。最终，只有不到两百个讲法语的贵族和五六千名诺曼骑士几乎统治了整个英国领土。最初，来自斯堪的纳维亚的诺曼侵略者很快在英格兰形成了一个新的统治阶层。在不到十年的时间里，他们通过诺曼城堡和封建庄园控制了整个英格兰。威廉和他的追随者是最后一支成功入侵不列颠岛的军队。

—— 中世纪英国的商业 ——

征服者威廉一世在1085年下令制作的《末日审判书》（*Doosday Book*）显示，超过95%的英国人居住在这个国家，并以农业为生。但是，此处"国家"一词可能有些误导人。英格兰不是一个由孤立的农庄组成的国家；相反，英格兰的大部分贫民在乡村和小村庄安家。这样做多半是为了保障群体安全。通常情况下，村庄外围建有防御性庄园或城堡。农场工人每天早上去野外劳作，或者在其领主的庄园里劳动，修建桥梁、道路、建筑物，在磨坊或铁匠铺做工，或由领主带领拿起武器。

农奴在领主土地上的工作并没有固定的时间。领主可能要求他们每周工作两天，也可能要求他们每周工作三四天。夏季农奴在野外劳作，冬季则修建路桥水渠、维修墙壁、伐木、修缮房屋或者搬运农产品。还有其他农奴在领主的磨坊、铁匠铺或制革厂工作。他们的妻子和孩子也参与劳作，尤其在收获季节。女人们除了打理自己的房子和抚养孩子，还要在领主的庄园宅邸当仆人。

城镇和村庄也聚集了石匠、裁缝、铁匠和马具制作者，当然也有各类食品加工者，如啤酒制造商、蜂蜜酒制造商和肉类腌制商。一般情况下，村庄里真正自由的人只有神职人员，后来也有工匠和商人。

中世纪初，英国的农民和他们的祖先一样，采用的是延续自古代的两田制。耕地被分为大致相等的两块，一年内只在其中一块地里种植某一种谷物；而另一块休耕一年，这块土地可能在这一年内被翻耕一两次，以控制杂草。第二年，休耕的土地开始种植。在没有化肥或者豆类的情况下，让土地休耕一年是使土地恢复生产力的唯一途径。

到了 14 世纪，三田制投入使用，并且很快被英国、法国、德国以及低洼地带的大多数农场采用。在这种制度下，可耕种的土地被分为三块。第一块在春季耕种，第二块在秋季耕种，第三块休耕。春季作物包括燕麦、豌豆、蚕豆、大麦，在旧的两田制下，这些作物都是无法种植的。

尽管三田制提高了产量，但带状耕作的传统仍然限制了谷物产量。每个农奴耕种多块一英亩或者半英亩带状土地，这些土地分布在两个、三个或者更多不同的区域。因此，一位农民可能要耕作多达 30 块或更多的带状土地，每块土地都被其他人耕种的土地包围着。因此，农民不太可能尝试太多的创新或对农场进行改善，也不可能把土地进行分区或围起来。

瘟疫的影响

与欧洲大陆的邻国一样，在 14 世纪英国的人口因一系列瘟疫的爆发而锐减。第一场瘟疫发生在1348年和1349年，之后在1361年以及1368—1369年又发生了更大规模的瘟疫。在第一场瘟疫爆发前，英国大约有450万人口。经历饱受折磨的17世纪后，人口减少了一半，只剩200多万。这种可怕的疾病通过老鼠身上的跳蚤传播，在整个欧洲肆虐，直到17世纪中期最后一次爆发。

除了黑死病，其他灾难也让英国在连续两个世纪中饱受摧残。从1313年开始，频发的动物瘟疫袭击了英国的牛羊。历史记载了饥荒如何迫使穷人吃狗、猫、老鼠，甚至是互相残杀。此时，恰逢一个小冰河期开始，气温急剧下降，农作物的生长期严重缩短，农业产量大幅削减。1315—1317年间，洪水肆虐造成了严重的破坏，全国各地陷入混乱。英国的乡村沦为荒村和废野。

然而，这些灾难造成的影响并非都是负面的。它们加速了诺曼入侵者自11世纪起在英国建立的封建统治的终结。劳动力短缺使农奴制无法恢复。传统的工资水平被打破了，从而使许多幸存的穷人的生活质量得到了一定程度的改善。另外，这些灾难也开始冲击英国的社会结构和稳定。

从1381年开始，英国发生了一系列起义，同时也陷入了与法国的百年战争。农民起义之后，宗教武装抗议活动此起彼伏。整个15世纪，派系冲突导致了政治不稳定和社会混乱，最终引起了南北战争，爆发了玫瑰战争（1455—1485）。动乱也导致英国在英法战争中失败。到1453年，英国几乎失去了在法国的所有领地，除了加莱，它是英国主要的出口口岸，尤其是羊毛。

15世纪末，英国又重现了些许繁荣。尽管英国生羊毛的出口在14世纪就已达到顶峰，但它仍是这个国家的重要作物。然而，出口的生羊毛现在被国产的羊毛布料取代了。到15世纪的最后几十年，英国最大的羊群已经增长到多达9000只，在不到100年后就增长到了13 000多只。

— 一个国家的形成 —

1536年，联合法案的颁布使威尔士和英格兰合并为一个国家。1707年另一个法案被颁布，英格兰、威尔士和苏格兰由此统一。从那以后，除了苏格兰人曾两次尝试将信仰天主教的斯图亚特国王推上联合宝座，统一的大不列颠王国开始全力向外扩张，在这个过程中成为第一个世界最大的贸易国家，后来发展为全球领先的制成品供应地。英国纺织品的全球贸易和烟草等殖民地产品的再出口创造了财富，为英国积累了实现工业化需要的资本。

英法为争夺贸易和商业展开了将近200年的战争。在《1707年联合法案》(Acts of Union 1707)颁布时，法国的国力遥遥领先于英国。然而，到了18世纪末，英国已经从农业经济向工业经济的转型中获得了不可逾越的领先优势。早在中世纪，英格兰和威尔士在羊毛生产上就一直享有竞争优势，庞大的佛兰芒（法国和比利时）纺织业需要英国提供的关键原材料。英国从这种贸易中得到了巨额财富。然而，越来越多的生羊毛供应商发现，他们完全依赖于欧洲大陆的买主来维持生计。英国生羊毛的市场多在比利时、法国和荷兰。

欧洲大陆的势力经常切断英国羊毛生产者和商人与欧洲市场的联系。英国人让欧洲大陆的工人加工他们的羊毛，先织成布，再做成服装，他们认为自己理应拿到的利润被分给了其他国家。随着时间的推移，羊毛工业的性质发生了重大的变化。英国羊毛商人开始将他们的原料毛出租给英国的纺织工人，然后用毛料取代了原料毛出口。不久，原料毛和未完工毛料的出口完全被成品羊毛织品和精纺织物的出口取代。成品羊毛织品是指经过漂白、染色、编织和缩密（捶打羊毛使其收缩来增加织物的厚度）的织物。毛织品使用的纱线更柔软、更短、更松散，类似于毛衣和外套使用的纱线。精纺织物使用的是一种又硬又长且紧密的纱线，类似于制作西服布料的纱线。毛织品和精纺织物都是早期英国极有价值的出口商品。

商人的重要性

用加工过的羊毛布料取代原料毛出口的最大好处是,在生产中许多必要的任务带来了附加值。除了牧养、剪绒,还需要完成梳理原料毛以及将其纺成纱、织造、漂白、染色并缩密的任务。只有一件事情没有改变,即商人仍占据最重要的位置。商人识别需求,向市场运输成品,储存剩余的货物以备后续再售,同时也管理着供应链。他们是中世纪英国最重要的企业家。他们掌握着处于各个生产阶段的羊毛,并将羊毛分配给小作坊的工人加工。很多时候,商人也拥有加工羊毛的工具,他们会将这些工具租赁给独立劳动者。这种以家庭包工制为特征的羊毛工业持续了近400年,直到18世纪第一批工厂出现。

从15世纪晚期到17世纪中期,英国的商业经历了一段缓慢但稳定的增长时期。这是由三个主要的社会变化推动的:第一个是英格兰教会的改革;第二个是人口急剧增长;第三个是前所未有的通货膨胀。宗教改革可能是最大的变化。亨利八世在位期间,教会切断了与罗马的联系。教会和国家成为一体,国王既是国家的统治者,也是英国教会的领袖。教会的财产被没收,并在大约20年的时间里被分配给国王的宠臣或卖给世俗的地主。

1470年后,英国人口实现了自14世纪黑死病流行以来的第一次增长,人口增长成了一个重要的因素。饮食的改善是人口增长的首要原因,这是由很多因素促成的。其中第一个因素是气候慢慢转暖,从而延长了农作物的生长期,减少了歉收,提高了农业产量。第二个因素是在农业实践中发生的变化,包括畜牧业的科学改良增加了牲畜数量和新作物,以及田间轮耕和固氮作物的改变。瘟疫之后,工资的上涨使穷人得以提高了生活水平。

工资上涨有助于加剧第三个因素——通货膨胀。生产者的成本上涨,产品的价格也随之上涨。然而,对价格产生更大冲击的是黄金和白银从新大陆涌入欧洲。不久,货币流通过多,商品太少,商品价格上涨。这最终蚕食了穷苦劳动者的所得，但是他们的生活质量并未降至13世纪的水平。饥荒从未成为英国一个全社会的问题。此外，英国在国际贸易、新型制造业和加工业中的领导地位不断地提升，贸易利润使英国商业体系一直保持着强劲势头，直到21世纪。

商业和城镇的发展

对商业制度发展的调查为什么要关注城镇的发展呢？答案是贸易和工业的发展离不开城镇。城镇和城市为商业提供了两个关键的需求。第一，大量个体聚集在一个便利的地区，为贸易商的商品提供了市场。在交通还不太便捷之前，这一点特别重要，它使为外地客户提供服务成为可能。第二，城镇成为农场工人的避难所，这些农场工人要么因为农业技术的发展被迫离开了自己的土地，要么逃离了自己的农场，去其他地方寻找自由和机会。这样，雄心勃勃的工匠和商人就有了稳定的劳动力，他们想扩大经营，以赚取更多的利润。

早在美索不达米亚和印度河流域的第一批城市建立时，工商业就已经在城镇中发展起来。那些最早的城镇保障了集体安全，促进了剩余农产品的采集、储存和分配。农产品剩余反过来导致了对更先进的国内产品的需求，同时安全需求迫使人们开发更多更好的武器。陶工、编织工、皮革工、金属工、珠宝商等在城镇中建立了自己的营生，以满足整个社会的需求。类似的因素推动了英国城镇的发展。

在18世纪初，英格兰和威尔士的总人口只有500万～550万。这片土地上遍布大大小小的村落，只有很少几个城镇零散地分布在周围，大部分集中在南方。除了在1700年时就已经拥有50万人口的伦敦，其他成规模的城镇屈指可数，曼彻斯特、利物浦、谢菲尔德、利兹、哈利法克斯、伯明翰和考文垂是比较重要的几个城镇。这些城镇在许多方面仍然更像50年前的散居村落，而不是它们很快就会成为的具有活力的工业中心。英国仍以农业为主，全国4/5的人口仍以农业为生。

— 英国乔治时代的商业 —

玫瑰战争期间持续的宗教斗争让英国人感到厌倦。1714年,英国人邀请汉诺威乔治一世来统治国家,开启了乔治一世到乔治四世国王的长期统治。从1714年到1830年,乔治家族以其独特的建筑和设计风格而闻名。在乔治时代,英国通过一场打破传统的工业革命和一个世界帝国的建立,呈现出了其作为一个历史悠久的农业社会的很多特征。历代乔治国王都接受政治改变,改革君主独裁,议会制占最高统治地位。英国议会定期召开会议,而不再只是当君主需要资金的时候才召开会议。新国王取消了许多旧的对商业和贸易的垄断限制,并鼓励个人创业和建立股份制企业。皇家海军或多或少地保障了帝国的安全,这就为英国打开了获取国外原材料和粮食供应的大门,也为英国不断发展的工业体系所生产的产品打开了大门。然而,这并不总是一个和平转型的时期。

在这个时期的大部分时间里,英国都在忙于扩张和巩固帝国。北美、西印度群岛、印度、非洲和太平洋地区的殖民地需要培育。在此期间,英国与法国、荷兰和西班牙交战,海军需要舰艇、人力、大炮和补给;军队需要士兵、武器、制服、马、马车和补给。所有这些都成本高昂,为军队提供补给需要建立设计和生产它们的行业。

在整个乔治王朝早期,从1714年到1760年,大多数人还住在小村落、村庄和小城镇,它们都集中在英格兰南部和威尔士。除了伦敦,只有布里斯托尔和诺里奇两个城镇的人口达到了20 000以上。

— 工业社会的诞生 —

大约在1760年之后,一些事件永远改变了英国社会。其中影响最深远的是蒸汽动力的出现和由此触发的工业革命,以及新的高速公路和运河网络的形成,这有利促进了产品的生产和销售。英国正从一个稳固的农业社会向一个动荡的工业社会转变。人们希望提高自己的生活水平,同时随着18世纪60年代后对农民的需求大量减少,越来越多的人被吸引到那些发展中的城市，如利物浦、曼彻斯特、伯明翰，以及最大的城市伦敦生活。正如普拉姆（Plumb）指出的，这些早期城市极具吸引力，新的移民争先恐后投身其中：

> 尽管这些城市很小，但它们吞噬了所有的男人、女人和儿童。人们从遥远的西北部或者爱尔兰迁移而来，城市人口只维持原有的数量远远实现不了增长。这些城镇最显著的特征就是散发着恶臭。没有卫生系统；院子里的露天化粪池只为富人服务；穷人在公共场所的各个角落大行方便。街道没有铺砌，狭窄逼仄，通常只有六英尺宽，马车基本过不去。所有的房屋和地下室都异常拥挤，在曼彻斯特，十个人住一个房间的情况非常普遍。疾病肆虐，无法遏制：天花、斑疹、伤寒和痢疾让死亡变得稀松平常。在18世纪初，伦敦只有1/4的婴儿幸存；在北方迅速发展的城市里，婴儿的死亡率更高。死亡的阴云笼罩着城镇，人们只能从酗酒、赌博和暴力行为里寻求解脱。即便如此，农村的移民还是直奔城市。

19世纪后半叶，城镇的发展速度远超前半叶。例如，1801年，利物浦的人口总数为8.2万，30年后增长至20多万。利兹的人口从5.3万增长至12.3万；谢菲尔德和伯明翰的人口数量翻了一番；曼彻斯特的人口从9.5万增长至23.8万；格拉斯哥的人口从7.7万增长至19.3万。英国城镇的新人口大多来自周围的乡村，还有一些来自爱尔兰。

然而，大多数英国工人，无论是小企业员工或零售工作者，还是在农村地区兼顾农作和小作坊的人仍然能够谋生。城镇居民仍然从事着传统的职业，如制靴、裁缝、零售、食品加工和酿造。妇女和年轻女孩从事家务劳动。建筑行业雇用的劳工最多。纺织业的工人仍然相对独立，可以在家里工作。只有在棉纺行业，特别是纺纱工作，许多人聚集在生产间，甚至可被视为"工厂"的工人。造船由皇家海军的造船厂主导，但工人大多数是从事传统职业的个体工匠。

18世纪上半叶，尽管贸易越来越重要，但农业生产仍是英国的主要经济活动。英国田地的圈地运动还没有真正开始，低效的带状种植方式限制了大多数作物的产量。每年秋天，人们不得不宰杀大多数牲畜，因为冬天没有足够的草料喂养牛群，加上冬天道路难走，牲畜无法被带到市场售卖。能够改变传统耕作方式的根茎作物还没有被广泛种植。此外，研究人员发现，当时被屠宰的牲畜都很小，不到50年后它们的1/3大小。英国大部分地区的人们勉强可以解决温饱问题。

在18世纪结束以前，英国在交通运输和通信方面没有发生大的进步，基础设施尚未修建，甚至还没有开始规划。在18世纪后期，运河和高速公路的建设引发了运输革命，在这个过程中逐渐形成了投资和股份制融资的传统，以及管理大型企业的程序。第一条铁路兴建于1825年。在此之前，货物和人员的流通主要依靠马、骡子和人力实现。道路状况没有改善，大部分时间里不是泥沼满地就是尘土飞扬，沉重的载货货车无法通行。

然而，从积极的一面看，英国商船队正向着成为历史上最大的、航行最远的队伍的方向发展。货物可以通过船只相对容易、便宜地运往人口密集的地区。这些沿海航船定期沿泰晤士河直接进入伦敦市中心。羊毛贸易是英国最有价值的原料制造业，在欧洲大陆乃至全世界一直享有盛名。英国与北欧的羊毛交易开辟了成功试点，之后英国羊毛开始占领全球。此外，英国作为一个远离欧洲大陆的岛国，没有受到17世纪初爆发的三十年战争[1]的影响。在那场战争中，欧洲大陆军队的铁蹄没有伸向英国的城镇和乡村。

在此基础上，英国早期的商业体系开始利用从18世纪中叶开始的社会和经济条件的巨大变化。英国的企业家抓住了摆在他们面前的新机遇。

---

[1] 三十年战争（1618—1648）是由神圣罗马帝国的南北战争演变而成的一次大规模的欧洲国家混战，也是历史上第一次全欧洲大战。这场战争是欧洲各国争夺利益、树立霸权的矛盾以及宗教纠纷激化的产物。战争以哈布斯堡王朝战败并签订《威斯特伐利亚和约》而宣告结束。——译者注

17世纪和18世纪城镇的发展使一个非常重要的发展成为可能，新的传播媒介开始出现。通信的进步既使做生意更方便，又提高了许多英国人的生活质量。18世纪初，各种各样的出版物开始进入人们的生活。大部分出版物只存活了几天或者几周，而有些则运营了几十年。由于资金较少，出版物被迫销售广告。这一发展大大刺激了英国已经迅速增长的零售分销体系的发展。这些早期的报刊通常发行量很小，然而人们喜欢在咖啡馆分享报刊的内容，这使它们的影响力远远超出预期。许多报刊被政府反对派用作喉舌。因为内容较为尖锐，政府极力制止报刊发行，并制定按份征收印花税的规定，同时对刊载的每个广告征收一个先令的税。许多初创杂志被迫停止经营，也有众多杂志在市场中找到了有利可图的广告商机从而存活了下来。

从这时起，有几家报纸开始在报头刊登"广告"的字样。当然，最常做广告的产品都是英国慢慢壮大的商人阶层以及贵族所需要的产品。这些产品也成为英国对外贸易商品的部分缩影，咖啡、茶、甲鱼、图书、葡萄酒、假发、泻药、专利药品、神奇疗法、彩票、住宿、戏剧、演唱会以及其他文化活动等都包含其中。

许多报纸是由书商出版发行的；图书的主题从布道集到各种科目的教学，从各类小说到假冒的保健秘方应有尽有。更重要的是，英国商人和冒险家可以从书中读到许多对新世界的描写。19世纪，出版物的数量不断增长，范围也不断拓展，反过来影响了英国公众对各种国内外商品的需求。如果没有它们，英国的贸易可能就无法实现如此快速的增长。

── 贸易商人 ──

现代商业制度渊源已久，最早起源于美索不达米亚、印度和埃及文明。贸易技能历经了多个世纪的传承和完善，最终被中世纪伟大的意大利商人发扬光大。然而，发达国家的工业化更直接源于英国和法国从17世纪末到19世纪发生的根本性的变化和传统。

17世纪初，敢于冒险的英国商人定期从他们的岛屿出发，与波罗的海的商人进行松香交易；去欧洲北部海岸交易琥珀、金属制品、成品布、粮食、木材和其他产品；去法国、西班牙和葡萄牙海岸交易葡萄酒和烈酒；去地中海国家转运香料以及远东地区的其他财富。

英国商人最有价值的贸易货物是羊毛和羊毛布料。之后，英国正式建立了三条贸易路线：将工业制成品运往非洲，将奴隶从非洲运到印度西部和美国南部殖民地，将糖、棉花、烟草、松香和其他货物运回英国。后来，又增加了将朗姆酒从西印度群岛向北运往新英格兰的路线，还有将生铁和松香从新英格兰运往宗主国的路线。新英格兰盐渍鳕鱼也成为一种重要的商品，先运至英国的港口，然后再出口到欧洲大陆及其他天主教国家或地区。美国的烟草和棉花也成为英国进口的重要产品。我们从表2-1所示的英格兰和威尔士从1726年至1780年的贸易额记录中可以清楚地看到英国贸易的增长情况。其中有以下几点值得注意：与欧洲大陆各目的地之间保持着相对稳定的贸易水平；与爱尔兰、海峡群岛、马恩岛和英属西印度群岛的贸易增长了三倍；在美国独立战争期间与北美殖民地之间的贸易急剧下降。

当然，短途或长途的海外贸易都不是英国人的发明。早在英国进入这一领域之前，海外贸易就已经存在很长时间了。早在12世纪以前，德国商人就从阿尔卑斯山南部向北进入波罗的海、向东进入俄罗斯进行货物贸易，并在这个过程中建立了长期成功的北欧贸易城市的汉萨联盟。在此之前，从威尼斯和热那亚等意大利贸易城邦出发的船只控制了地中海和近东地区的欧洲贸易，然后再将货物运往阿尔卑斯山以北。

然而，随着新大陆的开放，欧洲贸易的方向从原来的以南北贸易为主转向与西印度群岛、北美洲和南美洲之间的东西贸易。与此同时，英国人、荷兰人、葡萄牙人和一些法国商人开始与世界上其他特殊地区之间的贸易，如印度、香料群岛甚至中国。英国商人可以完美且充分地利用这种转变，并且没有持续很久。

英国全面工业化的种子是在17世纪和18世纪上半叶种下的。早在

表 2-1　1726—1780 年英格兰和威尔士年均出口额

（单位：千英镑）

目的地	1726—1730	1731—1735	1736—1740	1741—1745	1745—1750	1751—1755	1756—1760	1761—1765	1766—1770	1771—1775	1776—1780
西欧 （法国、佛兰德斯、荷兰、德国）	3570	3341	3701	4275	4593	4945	3354	4880	3921	4410	3715
南欧和土耳其 （西班牙、葡萄牙、威尼斯）	2400	2861	2868	1920	2748	3136	3380	2831	1572	2790	2002
北欧和东欧 （丹麦、挪威、瑞典、俄罗斯、波兰、普鲁士）	254	247	269	339	353	376	329	494	472	525	565
爱尔兰、英吉利海峡群岛、马恩岛	545	701	788	875	999	1203	1052	1672	2086	2092	1825
英属西印度群岛	473	383	494	728	732	710	952	1119	1174	1353	1244
北美殖民地	524	595	758	771	1025	1301	2052	2065	2135	835	1291
非洲	198	161	207	130	180	227	217	399	569	244	244
东印度	112	154	262	455	522	787	817	976	1100	912	930

资料来源：Langford, 1989, 169, form data in E.B. shumpeter 1960, Table V.

17世纪初，英国的商人和探险家就开始了航海和创建帝国的征程。到18世纪中叶，英国开始顺利转向大规模的商业扩张。

18世纪初，英国大部分商业基础设施还没有建立。银行规模小、数量少；几乎没有保险；股份制公司虽然已经获得批准，但是还没有被广泛采用；很难筹到长期投资的资本。零售主要通过城镇和村庄的临时摊位、当地集市摊位或流动商贩进行。当时还没有批发商，只有少数王室特许的企业与异域进行商品贸易。这是英国重商主义时代的鼎盛时期，通过贸易进入英国及其殖民地的商品必须用英国的船只运送，或者在少数情况下用殖民地的船只运送。殖民地被禁止生产其宗主国生产的产品，也被禁止从其他任何国家购买任何数量的商品。

17世纪后，英国坚定地走上了商业扩张的道路。这是由贸易主导的，财富的大门几乎同时向平民和贵族开放。任何人都有参与贸易的机会，只要他们肯吃苦、积极并且能获取一些原始资本。尽管东印度、南洋、非洲、俄罗斯等地的大型特许公司仍然主导着国际贸易，但许多小公司依然成功地进入了这些垄断领域。

贸易成为英国人的当务之急，议会和国王政府也一直关注着贸易。贸易就是财富，财富就是权力。议会和国王都认为贸易是英格兰财富增长的主要原因。贸易的形式丰富多样，除了从英国殖民地不断进口越来越多的产品再出口至欧洲大陆市场，还有在英国本土种植、在英国农场工人的家中或作坊中加工或制造的商品。

为了保护和鼓励贸易，政府取消了对英国制成品出口的所有限制，并对所需原材料免征进口关税。然而，与此同时，英国出台了一系列旨在保护国内制造业的措施，此举与重商主义思想相称。

真正推动贸易增长的是国内外不断增长的需求，新大陆人口和财富的大量增长带动了这种需求。在制陶工人乔西亚·韦奇伍德（Josiah Wedgwood）和像他一样的创新者的带领下，一大批中间商迅速成长以满足市场需求。这些中间商、批发商和零售商买卖布料、煤炭、饲料、香料、咖啡、巧克力、茶叶、糖、瓷器和其他上千种商品，成了18世纪前50年英国工业的主要人物。

羊毛、锡和谷物（英国用谷物指代所有粮食作物，不单指玉米）是英国主要的出口产品。英国主要的进口产品有松香、食品、葡萄酒、烈酒、原材料以及一些印度棉制品等。但英国的贸易仍然以羊毛制品为主，羊毛制品一直是英国最有价值的出口产品。

布料贸易的重要性

17年纪上半叶，布料贸易主宰着英国的商业。羊毛制品的生产贡献最大。当时英国的一项法律禁止在任何距离海岸线四英里之内的地方剪羊毛，以防羊毛被走私到海外，由此可以窥见羊毛工业的重要程度。如今，我们依然可以看到英国对羊毛的重视，英国议会里铺满了羊毛地毯就是一个写照。

大部分时间里，羊毛制品的生产仍然依赖于从事纺织的英格兰农村人口。工人们在家里工作，而不是在工厂里，小作坊而非工厂依然是英国乡村生活的中心。当时有三个大的羊毛制品生产地区：东盎格利亚、包括康沃尔在内的英格兰西南部以及约克郡西区。

羊毛早在12世纪就已经是英国最重要的出口产品。到13世纪末，富有的地主们向国王声称羊毛贡献了超过一半的国家财富。圈地运动发生后，大庄园中羊群的规模不断增长，同时各种动物品种不断改良。佛兰德斯是英国羊毛的最大市场，布料贸易为布鲁日、根特以及后来的安特卫普等城市带来了财富和权力。

13世纪，富有创业精神的英国人开始将国内的生羊毛制成布料，为英国的农村经济带来了额外的收益。很快，人们在英格兰中部和南部建立了水力驱动的漂洗作坊，农场工人通过纺织增加他们微薄的收入，重要的家庭手工业由此出现。

棉花日益重要

随着棉花成为国家财富的最重要贡献者，羊毛即将失去其优势地位。这种转变第一次出现于从地中海东部和西印度群岛以及后来的印度进口棉布的过程中，但很快就被从英格兰的美洲殖民地进口的原棉纺纱和织布超越。珀金认为，棉花之所以成为工业革命的主导产业，是因为它显然迎合了时代的需求。它具有多种用途，量产后将会比羊毛制品便宜得多。棉布能染成许多鲜艳的颜色，并且能够制出多种图案和纹理，因此无论是居家还是宴会都适用。棉布不仅耐磨，而且耐洗，出入公众场合的绅士第一次有可能每天都穿一件干净的衬衫。

最初，英国的棉布生产受限于一系列旨在保护至关重要的羊毛工业的法律。然而，市场对棉花的大量需求很快削弱了羊毛的重要性。兰开夏郡同时利用羊毛和棉花织布，棉花产业从此开始建立。随着越来越多的棉布出现，英国工人也越来越擅长染色、印花等工艺。

英国布料行业的成功自然推动了纺织业的改进。这些改进不仅是技艺上的进步，更重要的是背后的理念和思维方式的革新，为随后即将发生的工业革命奠定了基础。第一次重大改进发生在1733年，人们发明了飞梭。工人们能够使用更宽的织布机，生产速度提高了接近一倍。1764年，珍妮纺纱机的发明使同一名工人可以同时操作若干个纱锭。

1768年，水力纺织机的发明提升了织布速度，改善了捻纱的质量和强度。走锭、珍妮纺纱机和水力纺纱机的结合使用使人们有可能生产出比以往更细的纱线。水力纺纱机由水力驱动；走锭刚开始需要人工操作，但是很快也实现了水力驱动。这些创新驱动了第一台适用于英国纺织业的旋转蒸汽机出现，并于1785年在一家纺织厂实现安装。

— 变革加速 —

对于18世纪初的大多数英国公民来说，自中世纪以来的生活条件并没有发生太大的变化。大多数经济活动以农场为基础，而英国农场都是由小块土地和公地组成的,由自由的农民耕种,他们向农场主支付实物而不是现金。生产较为原始,并且几乎没有盈余。几年的供过于求和浪费之后总会出现几年的饥荒。许多农场工人通过在家庭作坊中做各种制衣工作来增加微薄的收入;由于北欧市场一直坚持自己加工增值,英格兰出口的布料很少用染色或缩绒工艺。农民仍然像他们的祖辈一样经营着土地。耕地浪费现象在很多地方仍然很普遍;家畜饲养几乎没有选择性,大多数公地和牧场满是消瘦的羊和营养不良的牛。18世纪的最初十年,议会只通过了一项圈地运动的法案。然而,1700年左右,英国农民的生活方式发生了巨大的变化,很快打破了长达几个世纪的稳定。

整个英国乡村都面临着巨变,轮作、播种机的发明和应用以及早期根茎类作物的引入等都预示着变化即将到来。当时圈地运动仍然罕见,但这些变化快速地提高了农业产量。当圈地运动席卷英国时,这些改变才真正开始。圈地运动引发了一场深刻的社会革命。最初,圈地法案的数量增长缓慢,在18世纪20年代有8个,在30、40和50年代分别为33个、35个和38个。1750年到1760年间,这一数字猛增到156个,并且在接下来的10年中增至424。19世纪的最初10年,议会共通过了906个圈地法案。圈地运动意味着改变在狭长的带状土地上低效的谷物种植方式,把重点转向畜牧业,尤其是羊的养殖。畜牧业比农场种植需要的劳力更少,因此许多农民被迫离开土地寻找其他出路。圈地运动塑造了今日英国乡村的面貌:田地圈块、分散的农场、树篱和石墙。

农业生产力发生了巨大的变化。在17世纪前60年左右的时间里,市场上交易的家畜的平均重量增长了一倍多,有时甚至接近原来的三倍。波特(Porter)1982年指出,1710年在市场出售的家畜的平均重量为牛370磅、牛犊50磅、绵羊38磅。1765年,在相同的市场上出售的家畜的平均重量增长到了牛800磅、牛犊150磅、绵羊80磅。

圈地运动造成的最深刻的影响是将劳动力驱离农场,大批人口涌入英国的城镇和少数几个城市。大多数人最终去了伦敦。这些从前的农场工人成了工厂工人，在迅速成长的工厂体系中发挥着作用。圈地运动和土豆、萝卜以及其他根茎作物的引入使越来越多的城镇居民能够获得食物，因此也为新兴行业和企业提供了劳动力。中产阶级规模逐渐扩大，许多乡下人也因此找到了仆人的工作。因此，英格兰不断发展的城镇虽然一直被诟病滋生了贫穷和疾病，但也为流离失所的穷人提供了生存机会。

结　语

　　虽然很难将英国工业革命发生的原因归结于或者缩小至某个或某些确切的原因，但可以确定的是有五个关键因素对18世纪工业革命有重要的贡献。第一，商业和贸易的重要性日益增加。第二，对纺织业产品的需求增长，人们对羊毛制品和棉花制品的需求促进了产量提升。第三，大量工人可以在新兴工厂工作，因为人口大量增长，而对农场工人的需求减少。第四，英国拥有大量重要的自然资源，尤其是煤炭和铁矿石，开采相对容易并且成本低廉。第五，英国从成功的国际贸易和土地私有售卖中获得了足够的资本，这些资本可以用来将数学、工程、冶金或者化学等自然科学领域的发明商业化。除了马赛厄斯（Mathias）列出的这些因素，还有一点就是一些英国企业家在商业投资中敢于冒险。此外，交通和通信的进步，如运河、铁路和船舶的迅速发展，最终促成了英国工业革命的发生。我们将在第4章中进行更详细的研究。

第 3 章

英格兰和威尔士的早期工业化（1760—1814）

英国的商业体系走向工业化的过程是由一系列经济、社会、科技的发展形成的，这些发展开始于 18 世纪后半叶，持续到 19 世纪末期，大约 150 年。在此期间，英国经济发生了改变，原来的经济以农业为基础，辅以他国商品的国际贸易和国内小规模技术生产的重要贡献。这 150 多年来，英国企业家扩大了他们的投资和活动范围，使英国成为世界工厂，控制着全世界 40% 以上的制造业。

工业化并不是一个轻松的过程。除了海军的保护，这些崭露头角的商人很少甚至没有得到英国政府的帮助。英国政府倾向于阻止个人努力，而支持王室的特许垄断经营。早期的英国企业家不仅要找到自己的市场，而且要为自己的企业找到融资。1721 年，政府禁止除王室特许的股份公司以外的其他公司的经营。尽管存在这些障碍，但是英国的工匠、商人、托运人和投资者依然取得了成功，并在这个过程中推动英国成为世界第一的工业强国。

— 工业革命 —

现代商业制度直接源于 18、19 世纪对自然资源、劳动力和资本的高效使用。这是由英国的一个新阶级——工业企业家推动的。一个世纪前开始的贸易和商业的巨大扩张使这些企业家登上了历史舞台。在英国工业企业家的重要性开始减弱、其职能被职业经理人接管之前，世界上很多行业的技术都发生了革命性的变化。得益于他们的努力，总体经济取得了前所未有的增长。此外，他们的努力形成了一股广泛的社会力量，让人类能够控制自然，摆脱自然对人类福祉的限制。这些企业家的工作提高了农业和商品服务业的生产力。在这个过程中，他们将生产从村舍转移至工厂，即"制造厂"。

英国经济的工业化与政治意义上的革命不同，是技术、交通和产业组织方法上的一系列更大的进步。主要的技术进步包括纺织业、钢铁制造业的发展以及用蒸汽动力替代风、水、人力和畜力。运输工具的进步包括使用了三桅远洋帆船，控制了运河以替代自由河流运输，以及后来使用蒸汽为火车提供动力。这一多产时期还出现了蒸汽机、炼铁矿石的冶炼炉、珍妮纺纱机和造纸机械等发明。

除了技术变革，管理流程的改进也使进步成为可能。改进措施包括收费公路信托、运河及铁路的股份融资方案和向大众开放王室垄断贸易公司的所有权。

如此大规模的变化引起了人口数量的大幅增长，这种增长是任何一片土地都难以承受的。由于饮食的改善，人类的生产力也随之提高。再加上当时的科技进步，人们的生活水平得到了很大的提高。不仅农民的生活水平提高了，那些得益于生产力进步的、不断增长的英国城市人口的生活水平也提高了。这样一来，英国不仅有了更多的人口，他们对商品和服务的人均消费水平也提高了。

除了技术和生产力的进步，其他一些因素也促成了工业革命的发生。这些因素通常包括英国温和的气候、丰富的水力供应以及良好的港口和航海传统。政治事件也促成了生产和消费方面的巨大变革。在西班牙和葡萄牙的力量正在减弱的时候,英国的商业扩张为英国商人打开了世界上许多地方的大门。

经济和社会因素的共同作用也促进了这一变革。其中之一是人口的快速增长足以满足不断扩大的劳动力需求,并带动国内对廉价消费品的强劲需求。可用的劳动力人口增长缓慢,足以刺激节省劳力的发明创造出现,并在经济发展的关键阶段防止资源枯竭。另一个原因是廉价而充足的资本供给,以及当时极低的利率。从1714年开始,法典规定,每年的税率仅为5%。同时,大片大片的土地归愿意且有能力开发的人所有。最后,英国有一大批积极进取的企业家,他们随时准备好接受风险,抓住机遇行动来获利。

然而,发明创造、自然资源或社会经济因素单独或一起都无法成为英国工业革命的催化剂。诚然,这些因素构成了大部分"正确"的条件或成分,但并不是全部。正确的、根本的社会结构和态度功不可没,这一社会结构和态度与社会流动性、自我修养和乐于接受变革等是共鸣的,同时它允许这种变革适应一个稳定的传统。

这种结构和态度出现在17世纪英国南北战争之后。经历南北战争后,英国成为政治、经济稳定的国家,令欧洲其他国家羡慕不已。王权恢复,与强大的议会并存,且王权滥用得到了控制,使人民对治理方式有了更大的话语权。1987年,克里奇(Kreiger)将那个时期出现的潜在社会结构称为有机社团主义。这种思想下产生的社会承认了个人权利与社区的需求,同时保持着一个稳定的中央集权。克里奇认为,英国社会的各种元素因此开始融合或统一,使英国成了一个坚实的完整的国家,同时也保留了个人主义的某些方面。共同目标占了上风,但总是在个人的主动性之下。到了19世纪,英国个人主义的烙印已经与工业化进程交织在一起。这进一步影响了民族性,促成了一种支持商业活动获得丰厚奖励的社会环境。这些奖励包括获得较高的社会地位。

聚焦个人主义原则的国家经济政策在企业市场竞争最激烈的时候进一步成形。除了利率，价格和利润都不是由政府决定的。这与英国大陆的邻国和竞争对手的经济形成了鲜明的对比，这些国家在强制设计的束缚下，优先满足社区需要。因此，英国的经济增长模式与后来发展起来的其他欧洲国家有很大的不同。虽然英国在发展过程中有政府参与，但政府通常起的是副作用，如限制贸易来实现皇家垄断，或有一定限制性，如航海条例规定英国和殖民地的商品只能由英国个人以及获得授权的企业家来运输。

在工业转型的第一个百年，英国政府对经济发展的干预在很大程度上局限于维持其重商主义政策。这是一种关乎权力的政策，旨在通过保护性关税和航海法律体系来发展和保持国家的经济实力。这些反过来又促进了国内新兴产业的发展以及新的制造和销售流程的应用。在其他方面，英国政府的政策实际上抑制了早期工业的发展。保护城镇和行会垄断、控制农村地区工业的发展、为制造业制定规章制度并限制采用某些节省劳力的机器以及禁止成立股份制公司，这些政策有效地限制了商业的发展，直到1850年之后才有所好转。直到政府认识到自由贸易意味着国家财富的更快积累，它才终于改变了政策。

障碍和改革

直到1850年，行业的组织和管理实践缺乏改善仍是全面工业化的障碍。这是英国发生的最后的重大变化之一。当它们发生时，为多部门、多分支、多中心的企业创造了发展条件。尽管在技术和交通方面有了真正的进步，但是如果没有发明企业组织的新方法，英国工业的发展不可能超过它在18世纪最后几十年的水平。

18世纪初，对外贸易仍被大型特许公司主导。工业仍完全由小规模的加工车间组成，且加工车间的拥有者与他的几个助手一起工作，或者由个体手工业者在家中管理，这种组织形式限制了工业发展，就像商业和运输业遇到的情况。管理工业的规则仍然是由都铎王朝时期的立法机构制定的，立法机构依赖由企业主人、雇佣工和学徒组成的行会，并严格执行有关产品的法规和市政厅出台的详细规范。

1721年泡沫法案

在工业革命的初级阶段，工商业扩张的另一个障碍是长期资本相对短缺。南海泡沫事件（需求推动贸易公司股票急剧上涨和暴跌）的金融恐慌导致沃波尔政府通过了《1721年泡沫法案》(Bubble Act of 1721)。这项法案规定禁止在没有获得王室特许的情况下成立股份制公司，而王室特许费用高昂且难以获取。这项法案有效地废除了大规模工业组织曾经筹集必需资本所用的最简单、最有效的方法。投资者受南海股票的暴跌重创，转向了更安全的投资方向，他们将资金投入了利率3%~5%的政府基金，这被视为极其稳健的投资并有足够的回报。因此，在18世纪的英国，许多工业初创企业不得不由其工匠创始人使用内部生成的资本缓慢而艰难地建立起来。这些工匠成为英国的第一批工业企业家。

然而，个体企业家使用私人资本并不是一个新的发展。自新月沃土最早出现贸易，商人就已存在，而且伴随着最早的教会或皇家垄断企业繁荣起来。珀金甚至声称，正是这些工匠企业家为随后的巨大经济变革做出了最大的贡献。工业企业家是劳动资本家，他们拥有且管理着自己的企业。只有他们才能识别他们的商店中使用新技术带来的市场机会，也只有他们可以评估市场对新技术所能生产的附加产品的需求程度。

企业家必须积累或以其他方式筹集购买新机器所需的资本，他们需要购买原材料并建造新的和扩大的设施。当他们无法从自己的家庭中获得更多的资本时，就不得不到外面去说服合伙人投资，并说服土地所有者允许他们在其土地上建立工厂，这些土地上要有合适的水源和便利的交通设施。然后，他们需要建立自己的工厂，安装机械，招募和培训工人，购买和储存原材料，销售成品，同时要保证有足够的利润来支付股息并支持未来的扩张。

股份融资改革

直到 19 世纪 50 年代以后,英国工业企业的股份制融资才变得普遍起来。即使股份制组织成为可能,英国商人也迟迟不去利用它们提供的机会。在 1850 年之前,尽管在 19 世纪上半叶通过了一系列授权法律,但在英国通过股份融资的公司还是很罕见的。变化发生的过程反映了政府的态度和人民对政府的态度有了较大的转变,也反映了社会价值观的重大转变。在 19 世纪初,人们认为要不惜一切代价避免债务;个人要对其企业的债务承担责任。债务人会被关进监狱,并受到公众的谴责。执政精英认为,公司和有限责任是国家极少数管理精英享有的特权。

1832 年改革法案

随着《1832 年改革法案》(Reform Act of 1832)的发布,这一趋势开始发生转变。1860 年之后,有限责任公司成为常态而非例外。所有行业的私营企业开始转变为上市公司,尽管这些公司仍由创始成员的家族来管理。不愿上市或者不愿在创始人的控制下上市的后遗症是,英国企业发展成大企业的速度比它们的美国后辈要慢得多。

虽然在工业迅速发展的早期,英国企业家为获得投资经历过一些困难,但到 19 世纪后半叶,资本和机构都在所需的地方到位。与德国和其他欧洲大陆的竞争对手不同,英国在 19 世纪的大部分时间里稳固地建立了一个可以满足商业银行需求和长期投资机会的强大金融体系。英国央行(Bank of England)以及一些城市和乡村银行提供了贴现服务和一些长期信贷。保险机构(如劳合社)、证券交易所也正常运营。公共和私人的债券市场完善了高端金融系统。到 1900 年,伦敦无可争议地成了世界商业和金融中心。

—— 早期的工业现代化 ——

尽管英国工业革命开始于 1750 年前后,但在最初 100 年左右的时间里，英国工业一直被传统的、小规模的经营方式所主导。这些小企业迎合当地市场，不从事国际贸易。根据克拉夫茨（Crafts）和克鲁泽（Crouzet）的观点，在1850年，这一大批小规模企业提供了大约60%的工业就业岗位，且从1780年到1860年，生产率可能没有增长。在同一时期，出口企业的数量较少，但它们的生产率却增长迅速。棉纺织品的生产企业增长最大。19世纪上半叶，棉花占英国出口产品的40%以上，最终超过羊毛，成了英国最有价值的出口商品。可能更重要的是糖、烟草等具有高附加值的英属殖民地产品的再出口。

到1800年，英国的大型工业已成为所有欧洲国家中最先进的。然而，这个国家依然没有完全实现工业化。到1806年，只有不到25%的人口靠大规模工业谋生，而只有1/3的收入来源于此。仅仅40年后，英国就牢固地确立了其世界最强大经济体的地位。

在19世纪后半叶，英国工业达到全球主导地位的顶峰。在那之后，它进入了一个持续的缓慢下降时期。在18世纪后半叶其工业发展的早期，英国就形成了一种组织结构，并在这种组织结构下获得了统治地位。虽然18世纪上半叶英国的经济仍集中在贸易和农业，但在下半叶其经济实力则依托于制造业获得。19世纪中期，全球制造业1/3的产出来自英国。这个岛国生产了世界上一半的煤和铁，世界上一半的棉织品以及接近一半的钢。虽然18世纪末，美国和德国等竞争对手已威胁到其全球商业霸主地位，但在1900年，英国仍然生产了全球1/3的出口制成品，这些产品由英国商船运输。英国商船的登记吨位比所有其他国家的总和还要大。

纺织业的增长

英国第一个工业化的行业是纺织业。英国一直占据着生羊毛出口的主导地位，之后这种优势转移到羊毛纺织品和精纺布，这些产品被装船运到北欧完成加工。到18世纪，布料出口占英国所有出口的70%左右。布料出口在这一个世纪中一直很重要。在18世纪70年代，布料出口仍然占英国总出口的一半以上。1770年，尽管一些上等布料产自英格兰西部和威尔士，也从西班牙进口一些美利奴羊毛，但大多数羊毛仍来自英国或爱尔兰。国产羊毛一直是这个行业的主要原料，直到1835年后，越来越多的羊毛才从新西兰和澳大利亚进口，还有一部分从德国进口。18世纪后期，马尔维纳斯群岛的羊毛才不那么重要了。

企业家办羊毛产品的工厂成为普遍现象之前，很多员工就建立了自己的工厂。这些工厂并不是集成的，而是倾向专注于整个生产过程中的一两个环节。这种工厂最先出现在1785年，并且直到19世纪90年代仍在生产。

尽管羊毛出口很重要，但是纺织业的工业化并不普遍。丝绸和亚麻行业规模不够大，无法保证获得大量投资。和"新贵"产品棉花相比，羊毛行业的工业化要晚很多。直到1770年，棉花仍是纺织业中无足轻重的一部分。然而，在18世纪末之前，棉花纺织业成了英国主要的制造业。引起这种变化的原因是一系列了不起的技术进步与现代工厂制度的出现。

棉花产业的工业化

在棉花行业的工业化之前，棉纺织品的生产组织模式非常类似于羊毛行业的模式。线和布料是在家庭生产制度下的工人家庭中生产的。加工的过程更加集中，但通常是在分散的、小型的漂白间和染色印花工厂完成。与羊毛一样，商人通常拥有不同阶段的产品，将其外包出去赚取差价。

大部分生产仍在农村地区进行，但在有电源的地方出现了一些全日制工厂。水和水力是羊毛和棉花生产的重要资源，不过它们在羊毛生产过程中并不那么重要，因为它们仅为工厂提供动力。

18世纪后半叶，一系列生产创新的发展使水力变得更加重要。第一个改进出现在线的生产过程中：珍妮纺纱机显著提高了生产速度，同时也极大地改善了产品质量。珍妮纺纱机起初只是一台手动操作的机器，后来允许一个人同时操作八个纺锤。随着纺锤的增加，畜力和水力逐渐开始用于操作纺纱机。

更重要的是，在1771年出现了水力驱动的水力纺纱机，这是一台生产棉线的机器，其生产的棉线强度可用于棉布机的经纱（静止的垂直线织）和编织（水平线织）。仅仅几年后，在18世纪70年代末，骡机的发明使生产精细细布（通常用于做床单）所需的棉布成为可能。

现在，只需要两样东西就可以使经济完全工业化：一是动力驱动的织布机；二是稳定的动力源，使新工厂可以建在任何地方并能够常年运作，而不用考虑天气的影响。第一台可工作的动力织布机于1785年获得了专利，但直到1820年以后其使用才成为常态。早在1785年，蒸汽动力就被引入了纺纱产业，然而直到1850年之后，工厂的系统才成为纺织业的常态。该系统由蒸汽驱动的动力纺织和织布机结合而成，并被置于大型永久性工厂中。

在纺织业中，要使用蒸汽动力机械，就需要开发新的、更耐用的纺织机器。不久，英格兰北部，尤其是曼彻斯特周围地区成了整个产业的中心：机器设计和制造。机械工业集中在英国的这个地区，因为这里也是英国纺织业的中心。

较低的进入成本

赫德森（Hudson）1986年指出，1850年甚至更早之前，在纺织业的许多分支中，企业家的资本支出相对较小。因此，企业往往是小型的，最多是中等规模。纺织机械设备相对便宜，并且经常可以在破产拍卖会上买到二手的。此外，纺织业走出村舍并进入工厂之后，蒸汽机的供应往往是由制造商而不是纺织企业家提供资金。当时，也可以分租现有建筑的部分区域，甚至经常租用房东工厂的"剩余"动力。

在纺织业早期的发展中，许多生产流程都是由外部承包商完成的。

承包商只有在完成生产和销售的所有贡献，并收到销售产品付款后才能收到佣金。直到19世纪中叶之后，纺织业中出现的少数几家大公司才需要融资。商人提供了大部分资金，其中很大一部分是用土地作为抵押品的贷款。当时，大多数银行几乎只从事短期信贷业务。最终，早期纺织品生产者越来越依赖他们的土地，并用这些土地作为投资资本的来源，短期和长期抵押贷款最终成为融资的主要途径。

融资方式的差异

马森（Musson）1978年指出，几乎从一开始，棉花生产的融资就不同于羊毛制品和精纺产品。许多早期的纺织厂，尤其是最大的一些工厂，是由商人（批发商、零售商和国际贸易商）资助的。银行信贷提供足可负担运营成本的短期贷款。这个制度一直持续到19世纪上半叶，企业用于增长的投资资本仍是企业的留存收益。

在18世纪接近尾声时，英国的每个郡都在从事羊毛编织。然而，约克郡成了羊毛纺织业的中心，在19世纪大部分时间里，它一直保持着这一地位。约克郡工厂的年产量占英国全年产量的1/3，占羊毛纺织品出口额的近一半。

— 工业协同效用 —

虽然纺织业是英国工业革命早期的主要推动力，但提供最后推动力的是煤、铁和蒸汽工业发展的联合效应。这三个行业首先是被纺织业的发展与进步推动的，然后又得益于金属产品和机械制造的发展与进步，最后成为推动英国在制造业和商业上成为世界霸主的主导力量。

这三个行业在18世纪后半叶和19世纪的发展历程是密不可分的。煤、铁和蒸汽不仅密切相关，还互相刺激，其中一个的发展也会促进其他两个的进步。然后，这些发展延伸至其他相关行业，如运输和配送，进而可能使其他产业取得额外的进步。

例如，18世纪早期在威尔士，蒸汽机首次用于挖煤。1710年，在英国，至少有四个或更多的蒸汽机用于生产（见表3–1）。然后，煤矿能够提供足够多的煤，使铁冶炼厂能够用焦炭（加工过的煤）代替木炭。很快，在铁冲压车间和轧钢厂，蒸汽动力取代了水力。生产出来的铁被用于制造更多的蒸汽机和其他机器，在工厂和桥梁建设中取代木材和其他材料。这些新机器也由燃煤蒸汽机提供动力。不久，蒸汽也被用于推动交通运输，尤其是铁路的新发展。铁路最初是为了将煤炭和铁矿石从矿山运输到生产所需的地方而建设的。发动机的类型如表3–2所示。

表3–1　　18世纪英国已制造和投入使用的蒸汽机数量　　（单位：台）

年代	这一时期已知建造数量	可能存在的其他建造数量	累积的已知总量	可能的总量
到1710	4	2	4	4
1711—1720	32	3	36	40
1721—1730	47	2	83	100
1731—1740	53	3	136	150
1741—1750	96	3	232	250
1751—1760	87	2	319	370
1761—1770	191	4	510	580
1771—1780	201	10	711	800
1781—1790	388	12	1099	1300
1791—1800	1014	56	2113	2500
18世纪的可能数量	78	—	2191	—
总量	2191		7434	

资料来源：Kanefsky and Robey，1980：169。

表3–2　　18世纪英国投入使用的蒸汽机的类型

制造者/类型	制造数量（台）	占总量的百分比	记录年份
萨弗里*	33	1.5	1698
纽科门（泵）	936	42.7	1710
纽科门（转缸式发动机）	86	3.9	1779
瓦特（泵）	162	7.4	1744

续前表

制造者/类型	制造数量(台)	占总量的百分比	记录年份
瓦特(转缸式发动机)	316	14.4	1782
盗版瓦特	63	2.9	1780
复合型	18	0.9	1782
大型	16	0.7	1790
双汽缸型	31	1.4	1789
高压型	6	0.3	1799
赛明顿	21	1.0	1787
其他	5	0.2	1787
没有数据	498	22.7	1776
合计	2191	100.0	

* 萨弗里不是一台蒸汽机,而是一种真空泵,它使用蒸汽来创建一个半真空空间。

资料来源:Kanefsky and Robey,1980:169.

最早使用蒸汽作为设备要素从地下矿井抽水的设备,据是1698年由托马斯·萨弗里(Thomas Savery)制造的一个装置。它不是一台真正的蒸汽机,而是一个真空泵。蒸汽在一个封闭的容器中被压缩,水被压缩导致的半真空吸入其中。反向操作时,蒸汽也可以被用来迫使水向上移动。到1710年,纽科门泵发动机被广泛安装,当时在英格兰和威尔士的矿井中有936台机器被投入使用(见表3-2)。转缸式蒸汽机直到18世纪后期才被普遍用作动力来源。

煤炭行业

尽管在工业革命时期,煤炭行业几乎对随后的每个行业活动都有重要影响,但它在很大程度上保持了17世纪末的状态。除了早期应用蒸汽机以外——先将水从地下矿井中抽出,然后帮助将煤炭和矿工从深矿井中运出来,煤炭的生产几乎没有创新。煤仍然是由矿工使用镐或铲子从煤层表面挖出来的。有时会使用火药,但因为有爆炸和火灾风险,它的使用并不普遍。

在水力供应受限后,煤几乎成了英国制造业唯一的能源,而且英国拥有大量这种关键的资源。1915 年，以当时的使用率计算，这些储量可以开采五个世纪。

随着工业和铁路大量使用燃煤蒸汽机，从 19 世纪中叶开始煤炭的使用量激增。此外，燃煤蒸汽驱动的海事发动机很快被研发出来，并被用于英国的大型商船队。煤炭使用量的增长速度在 1875 年左右达到顶峰，之后要么停滞，要么缓慢增长。煤炭产量在 1913 年达到 2.87 亿吨的历史峰值。

除了为英国各个行业提供廉价和可靠的能源来源，并成为家庭取暖的燃料，煤也是制造照明气体的重要原料。它也是英国方兴未艾的染料和化学工业越来越重要的原料。19 世纪 50 年代末，煤炭也为出口创收做出了重大贡献。1913 年，英国有 9800 万吨煤炭销往国外。

炼铁工业

铁最早生产于公元前 1500 年之前，公元前 450 年前后被凯尔特人移民带到英国。进入工业革命后，英国生产的铁分为三个等级：熟铁、铸铁和钢。大部分铁都是熟铁。熟铁加热后可以被铁匠锻造成许多不同形状和用途的器件，从各种壶罐到防弹衣、钉子、马蹄铁和犁，这只是一小部分。铸铁，也就是将铁水倒入模具，使其成为所需成品的形状，直到 18 世纪才被广泛使用，原因之一是将铁加热到必要的高熔点很困难。钢的生产是最困难的，成本也是最高的，直到 19 世纪末期，它才开始被使用。因此，在 19 世纪的大部分时间里，英国所需的优质钢材大部分是从德国（威斯特伐利亚）进口的，后来也从瑞典进口。

早期生产铁的工具被称为锻铁炉。使用这种方法时，铁矿石被塞进一个有或没有黏土衬里的洞中，周围被木炭包围并加热。脚控风箱可以用来提高火的温度。铁不会液化，它会变成一个柔软的铁块，被称为"铁花"。当铁匠师傅认为时候到了时，就将这个块从炉膛中拿出来进行捶打，起初主要是用手拿锤子敲打，但很快就改用水车驱动的锤子来捶打。锤击出矿渣（杂质），并将生铁化为所需的稠度。随后铁匠重新加热铁块，将它锤成所需的形状，包括剑和犁。在这个行业中，第一个重要的技术发展是用水力操作风箱，之后是用水力驱动夹板锤。

引入新技术

17世纪后期，炼铁时通常熔炼的铁花（包含铁矿石和矿渣的一种液体，称为海绵铁）重100～200磅。这些铁花从未超过300磅。初轧机系统继续主导炼铁过程，直到18世纪鼓风炉的出现。然而，从1680年到1750年，这个过程开始被一个间接的过程取代。尽管仍然生产熟铁，但是铁被制作好之前还需要一个中间步骤。

这种方法也被称为木炭炼铁法，是工业革命开始改变英国的商业体系时占主导地位的炼铁方法。这个过程的一个关键特征就是鼓风炉，它可能是从比利时和法国引入英国的。鼓风炉提供的高温足以使铁矿石液化。液态矿石被注入一个模具，这个过程类似后来生产铸铁的过程；在这个阶段，这种金属被称为生铁。然后，这些生铁在强制通风的木炭火中被再次加热，然后锤打，再加热，再锤打成熟铁条。很自然，金属在这个阶段被称为条形铁。条形铁变成了铁匠的原材料，最终被锻造成各种形状。

鼓风炉由一个大约15英尺高（后来增加到25英尺高和更高）的锥形塔组成。铁矿石、木炭，有时还有石灰石作为助焊剂（助焊剂用来清洁铁）被一起倒入炉子的顶部。然后，混合物在强制通风中被加热，同时风箱由流动的水提供动力。液化的铁流到底部，然后被倒进沙地中的槽里，每个主通道两边各有一个小槽或模具。这样，铁的生产就成了一个连续的过程，有的熔炉被关闭维护之前能够运行一年之久。

木炭铁行业的最后一个重大进步是使用轧机和纵切机。水车轮为有着不同大小的槽或渠道的大型、重型铁缸提供动力。这些铁缸将热铁条压缩成越来越小的尺寸，同时排出其中的杂质。当金属在两个辊之间通过时，如果要将它们切割成小块，就需要用到钢铁切割片。在蒸汽动力取代水动力后，这个轧机和纵切机系统又继续运行了很长时间。

木炭到焦炭的转变

在整个木炭铁工业时期,炼铁公司规模仍相对较小。克鲁泽(Crouzet)1982年的研究显示,平均每家炼铁公司有175名员工。限制这些公司增长的因素是木炭的可得性。被砍伐的树木需要放置20多年才适合变成木炭。与此同时,英国迅速发展的海军和商船也与木炭铁工业竞争木材。炭价格在此前的60年一直保持着稳定,但在1750年后开始显著提高。而且,根本没有足够的木材满足国家的所有需求。因此,在工业革命发生之前,英国大量的铁仍从瑞典进口,后来又开始从俄罗斯进口。

用焦炭代替木炭炼铁是18世纪的第一个重大创新。焦炭是在一个密封的室内加热煤生产出来的,已经被英国的铜生产商使用了几十年。焦炭也用作生产酿酒用麦芽的燃料。亚伯拉罕·达比(Abraham Darby)年轻时在这两个行业都工作过,他在1709年首次将焦炭用于冶炼铁。这个创新的影响是难以估量的,哈里斯称其为"科技历史上最大的进步之一,现代世界中的黑色金属生产一直并且仍然是以此为基础的"。焦炭降低了炼铁成本,1760年之后使用焦炭生产一吨铁的成本比使用木炭低大约5美元。

尽管焦炭较木炭拥有巨大的优势,但以焦炭为燃料的铁冶炼厂的数量增长缓慢,直到18世纪下半叶,以焦炭为燃料才变得普遍起来。从1750年到1788年,木炭铁冶炼厂的数量从70家左右下降到25家。然而,到1790年,仅存的几家木炭冶炼厂生产的铁只占英国全部铁产量的10%。

炼铁行业的后续创新

18世纪末期,铁生产商采用了许多技术创新,所以在19世纪初期,英国的铁生产商几乎能够满足国家对铁的所有需求。英国生产的铁大部分还是熟铁,它们被加工成了条形铁。在19世纪中叶,英国大约70%

的生铁被制成了条形铁。

在19世纪上半叶,这个行业或多或少在持续增长。19世纪70年代早期,熟铁年产量最高达到了350万吨。到1881年,年产量降至250万吨多一点。英国的一些铁生产商已经将注意力转向制造钢铁,而炼钢的成本仍很高,而且冶炼困难。虽然他们最初的产品质量非常不平稳,但是这些早期的钢铁生产商开始以谢菲尔德为中心为餐具贸易供应原材料。1850年前后,在谢菲尔德,有人发明了坩埚炼钢法。这个方法消除了老方法的缺陷。由于它没有专利,因此很快就被复制出了。英国的钢铁产量从1871年的32.9万吨增加到1881年的170多万吨。钢铁时代取代了铁器时代。

蒸汽动力的引入

铁行业的下一个重大创新是采用蒸汽机代替了水力。虽然在金属贸易中首次使用蒸汽机是在1742年,但直到1775年之后,蒸汽机才开始普及。起初,它们与水力一起使用,蒸汽动力泵将水抽回上游,以便再次用于水轮驱动的风箱。然而,到1790年,在铁冶炼和锻造中,蒸汽机已经经常被用于为风箱和铁锤提供动力。不久之后,蒸汽机在轧制和切割工厂也开始被用作主要的动力源。蒸汽机的主要影响是消除了定位要求——工厂只能建在有可用水力的地方;相反,新工厂开始建造在煤田附近,从而降低了从煤田到工厂的运输成本。

英国蒸汽技术和铁路行业的发展都归功于国家煤炭工业的需求。煤矿中的水推动着开发了一种实用的抽水方法。起初,马队或人力是泵的唯一持续的动力。这样只能抽出相对浅的水坑中的水。1698年,托马斯·纽科门(Thomas Newcomen)发明了第一台活塞操作的蒸汽机,用于将水引出深矿井。到1712年,在全英国的矿井中纽科门蒸汽机已经成为日常使用的工具。纽科门蒸汽机一直使用到了19世纪最初十年。它的设计和操作相对简单,效率也不高。

效率更高的蒸汽机是1765年詹姆斯·瓦特(James Watt)发明的已

有明显改进的蒸汽机。瓦特蒸汽机不仅可以使用更少的煤炭生产等量的动力，而且体积可以变得足够小，以便在其他应用中使用。没过多久，瓦特蒸汽机就被应用于纺织业，之后不久便被引入了钢铁行业。

交通运输革命

18 世纪末，交通运输革命中的蒸汽铁路以布里格斯所说的"自然的而非一个革命性的发展"的形式被带入英国，用来修建运河以增强现有河流系统的功能。运河修建在 18 世纪 90 年代后期达到了顶峰，一直持续到 19 世纪 40、50 年代的铁路建设热潮。运河建设工程停止前，大约有 4000 英里已得到改善的内河航道服务于英国工业。

像后来的铁路一样，运河的修建主要服务于工业，尤其是煤炭和大部分农产品。第一批修建的运河主要用于连接英国更重要的河流系统，如默西河、塞文河、泰晤士河和特伦托河。铁路建设终止了运河建设，而且许多被改善的水路也荒废了。欧洲大陆的情况则不同，欧洲大陆的内河建设仍在继续，了不起的莱茵河-多瑙河运河在 20 世纪 90 年代开通后立即获得了成功。在欧盟的内陆运输体系中，河流中的驳船和人工运河依然是一个重要且不断增长的组成部分，而英国的运河几乎只用于休闲。

英国第一条铁路的出现是由于需要运输矿山中大量的重型材料。1775 年，一些有创新精神的采矿者已经开始在木材轨道上安装扁平的铁板用于畜力或者人力矿车。铁板用来延长木轨的使用寿命。在很短的时间内，角铁代替了平板，同时垂直的部件被安装在车轮外面，使车轮更容易在轨道上前进。车轮通常由熟铁制成，轮缘安装在木质轮辐上，再加上一个铸铁轴心。1789 年，穿轧在铁路上的法兰铁轮圈已经取代了平钢圈和角铁板。人们认为，早期手推车的宽度通常在五英尺左右。然而，当法兰加在内轮而不是在外面校准角度时，手推车缩窄了两个车轮的宽度。这使轮子之间的距离降至四英尺八英寸，这个距离几乎成为世界所有铁路的标准轨距，尽管三英尺的窄轨铁路和五英尺的宽轨铁路今天仍在运行。曾被广泛使用过的最宽轨距是俄罗斯的七英尺宽轨距。

最初，早期的铁路车轮和铁轨都是铸铁或熟铁制成的。然而，铸铁铁轨过于脆弱，很快就被熟铁铁轨取代了。熟铁铁轨一直使用到1857年，然后被钢轨取代。通常情况下，钢轨可以使用16年，而熟铁铁轨通常每三个月就要更换一次。

世界上的第一条铁路是斯托克顿-达灵顿铁路，1825年9月27日正式通车，由蒸汽机车牵引着负荷的轨道车和载客的乘用车组成。火车沿着铁轨行驶，直到1833年才开始运送付费的乘客。

到1800年，固定蒸汽机被广泛应用于工业领域，为机器提供动力以及将矿井中的水抽出来。这些早期蒸汽机效率太低，笨重的难以移动。从詹姆斯·瓦特（James Watt）的分离式冷凝器和理查德·特里维西克（Richard Trevithick）的高压发动机开始，多项技术进步推动了蒸汽驱动的移动式发动机的问世。1804年，特里维西克将一个高压发动机作为火车头进行了测试，1808年，又在一个展览上进行了测试。然而直到1812年，他的设计才首次被成功使用。随后他又进行了一些改进，主要是为了改善煤炭运输。1825年，一条连接英国中部地区的煤田和海岸的铁路线终于投入使用。煤炭公司任命乔治·斯蒂芬森（George Stephenson）为该铁路线的首席工程师。斯蒂芬森复制了其他的设计，如多管锅炉，并对机车发动机进行了改进。1830年，他制造出了第一个实用的发动机，将其命名为行星。在接下来的几百年里，斯蒂芬森的设计成为所有蒸汽机车的基本模式。

与此同时，一群当地商人和矿工开发了第二条铁路——36英里长的利物浦-曼彻斯特铁路，并于1826年开始运营。这条铁路的长度虽然大致与斯托克顿-达灵顿铁路相同，但更坚固，因为它全程都是双轨的。然而，现有的发动机在没有畜力帮助的情况下无法运行。1829年，新铁路的所有者宣布将举行一场竞赛，奖励最适合他们需要的火车头设计者500英镑。除了一系列严格的规定，火车头必须能够以每小时10英里的速度拉动三倍于自身重量的货物运行30分钟。在三个参赛者中，斯蒂芬森脱颖而出，他的设计后来被应用于这条铁路。他的作品"火箭"发动机，现在可以在伦敦科学博物馆见到。

1830年之后，蒸汽机开始飞速发展，斯蒂芬森发动机公司一直处于领先地位。很快，随着其他国家进入铁路时代，斯蒂芬森发动机被售往世界各地。接下来，铁路建设的第一个热潮持续了几十年，轨道铺设和铁路公司的成立几乎不受限制。到1841年，英国建造了1500英里的轨道。尽管许多早期的铁路公司失败了，但是还有很多成功的公司，因此在接下来的10年间，到1851年英国已建成了6500英里的轨道，到1855年超过了8000英里。英国很少有地方不通铁路。

合并潮

跟随当时美国和德国的发展趋势，许多英国公司选择通过合并谋求发展壮大。纺织、酿造、钢铁、水泥和烟草行业的合并最突出。1988年，布莱克福德（Blackford）认为英国的合并潮是由限制竞争和保护现状引发的，而不是为了降低生产成本。英国公司在19世纪最后20年的大萧条中受到了重创，合并的一个首要目标是生存，其次才是提高它们的国际竞争力。

并购模式开始于19世纪后期，第一次世界大战结束后再度兴起。最早采用合并增长战略的是金属、食品加工、化工和电气设备行业中的一些公司。在20世纪20年代和30年代的几十年里，英国大约有4000家公司合并。结果，大企业在英国比比皆是，即使这并未显著提高企业的竞争力。

19世纪后期的第一次以及20世纪20年代和30年代的第二次"合并潮"的背后是，英国曾主导的所有行业全球竞争力的提高。英国强劲的竞争对手是德国和美国那些更新、更大规模、更高效的公司。外国竞争，加上国内经济萧条、劳资纠纷和两场代价高昂的战争带来的困境，重创了英国经济，进一步推动了英国商业的衰落。

结　语

1870年后，英国企业被迫接受了这一事实：企业要想发展，就必须对组织结构进行改革。股份公司在大多数行业中的发展都很缓慢。到1885年，股份公司占英国主要商业组织的5%～10%，只有在航运、钢铁、纺织品等行业占主导地位。在整个19世纪80年代，绝大多数公司仍然是非法人的家族企业。

1991年，哈利（Harley）认为，1900年后延迟采用公司结构形式严重抑制了英国企业的竞争力。推迟采用改进的组织和管理技术变相地支持了过时的旧行业。当美国转向横向和纵向一体化的大型企业时，英国企业基本上未能从大规模生产经济中受益。

英国工业仍被家族掌控和管理着，包括几乎所有的生产羊毛和毛织品的公司，以及生产纺织品和服装的公司，包括棉花、亚麻、黄麻制品和丝绸、花边、袜子。英国几乎所有的陶器、餐具和工程公司依然是私有的。酿酒业、住宅建设和食品生产全部是家庭经营，全国几乎100%的零售商店是私人所有和经营的。

英国企业家主导工业的时代随着第一次世界大战的爆发而结束，这个时代被称为"漫长的19世纪"。1914年，英国只有几家大型有限责任公司，英国的商业仍以小型、私有、家庭控制的企业为主。尽管在19世纪80年代和90年代发生了一系列并购，但这种混合依然是英国商业体系的特征。

第 4 章

全球工商业的领导者
（1815—1914）

从 1815 年拿破仑战争结束直到 1914 年第一次世界大战爆发，英国主导了全球的制造业和国际贸易。然而，1919 年后，英国在西方的领导地位开始了长期而缓慢的下滑，最终被德国和美国超越。直到 20 世纪 80 年代末、90 年代初，这种下滑趋势才得以扭转。今天，在银行、金融、石化工业领域，英国的商业体系似乎已经恢复了具有影响力的领导地位。英国的企业在全球市场中也发挥着重要作用

19 世纪是英国经济增长最快的时期。20 世纪初，英国是全球最强的经济体。然而，仅几年的工夫，英国商业就陷入了缓慢下滑的模式，这是该国商业体系在 20 世纪大部分时期的特征。

— 英国工业领导者的时期 —

1815 年至 1914 年这一时段的前期，英国商业极度繁荣，英国企业主导了对外贸易、纺织、钢铁和机械制造、银行、保险以及航运业。这种增长并不是匀速的，而是分为四个不同的阶段（见表 4–1）。

表 4-1　　　　　　　　英国工业和商业的领导阶段

阶段	时期	典型特征
第一阶段	1815—1842	铁与蒸汽时代：英国运输体系的发展；军事冒险
第二阶段	1842—1873	维多利亚大繁荣时代：英国成为世界工厂；君权的发展
第三阶段	1873—1896	大萧条：物价和工资骤降；来自美国和德国工业的激烈竞争
第四阶段	1896—1914	钢铁时代：经济上短暂的回暖；第二次世界大战风暴之前的平静；行业复苏；洲际军备竞赛

第一阶段从 1815 年到 1842 年前后，该阶段以混合增长模式及资本形成为显著特征。当时，纺织制造业开始使用蒸汽动力，冶炼技术的发展使铁的产量增加，铁变得廉价了。英国的运输体系开始成形。那是英国的铁与蒸汽时代。

第二阶段大约从 1842 年到 1873 年，是维多利亚大繁荣时代，该阶段的特征是经济增长规律且迅速。各领域不断涌现的技术创新相互影响，使英国成为世界工厂。铁路建设带动了英国维多利亚时代的经济增长，这种模式也推动了美国和德国的发展。在该阶段结束时，新的钢铁工业取代了早期的熟铁工业，将英国带入了钢铁时代。

即使工业正在逐步发展，英国还是在第三阶段经历了较长时间的萧条。这一时期通常被称为"大萧条"，尽管可能更合适被称为"欧洲大停滞"，它开始于 1873 年，持续到 1896 年。这一时期的特征是物价和利润普遍下降。当然，目前也有一些研究认为英国以及大部分工业化国家的经济仍在持续增长，只不过增长速度比繁荣时期慢多了。

第四阶段从 1896 年到 1914 年，英国经济上出现了短暂的回暖，各方面都处于风暴来临前的平静中。英国经济发展的动力源于与德国在军舰建造方面的竞争。在世界其他地方，汽车产业逐渐代替了铁路建造行业，成为第二次工业革命中的重要行业。其他重要行业还包括化工、电子、光学、通信和铁路货运。这种全球性增长为英国的煤炭和机械行业创造了极大的需求，而纺织出口行业则被美国和德国完全盖住了势头。

至 19 世纪末，英国商业体系的结构性缺陷开始显现，这导致英国很快失去了其在各个行业的主导地位。英国经济持续增长，增长率虽然继续远超法国和其他欧洲国家,但低于美国和德国这两个竞争对手。

铁与蒸汽时代(1815—1842)

18世纪后半叶,早期工厂体系开始在英国形成。不久之后,这些早期工厂和车间规模化生产的产品开始主导欧洲大陆市场。英国商业迅猛发展,一直持续到拿破仑实施大陆封锁政策,这一政策关闭了欧洲大陆与英国的贸易通道。因此,英国商人和制造商除了向快速发展的北美市场供货外,不得不赶紧到亚洲和南美寻找可替代市场。新市场对于英国至关重要,因为18世纪已接近尾声,而且欧洲和美国在英国出口的那些主要产品上实现了自给自足。

1815年,法国在滑铁卢战败,拿破仑战争结束。在接下来的几十年里,欧洲对英国的纺织品、钢铁以及制造业产品,尤其是机械产品有着迫切的需求,因为它们一直在努力追赶英国,希望成为经济领头羊。它们利用英国制造的机器慢慢发展本土经济,英国大陆的客户开始征收保护性关税,以确保其新兴行业能够发展繁荣。这一趋势贯穿了整个19世纪,因此,英国最有价值的出口产品在世纪末时成了驱动欧洲制造业发展的煤炭,而工业革命早期的那些产品则被出口到越来越远的市场。

拿破仑战争结束后,欧洲恢复了和平,重新开放了市场。之后,英国的工业革命又开始了。最重要的变化发生在纺织业和交通运输业,后者使英国制造商得以将它们的产品推向市场。

纺织业的发展

1820年到1850年,英国的纺织业经历了彻底转型,棉制品替代了羊毛制品,成为英国纺织业最重要的组成部分。从社会的角度看,这一转变使小作坊里超过25万名手工纺纱和手工织布工人损失惨重。从经济角度看,如果没有这样的转型,英国在工业化的领导地位就不可能维持下去。许多纺织业的发明和创新应用于纺织，使手摇织布机生产商大大提高了产量，但同时却大幅降低了纺织工人的收入。此外，手工生产还有一个障碍，它无法满足全球市场对英国棉制品日益增长的需求。

动力织布机的影响

动力织布机虽然是在18世纪最后几十年发明的，但直到1815年英国生产商重归欧洲大陆市场时才被大规模使用。当时，欧洲市场急需各种消费类商品。1810年，英国棉制品出口额是1780年的10倍。1820年，棉制品出口额又翻了两番。从事实来看，市场对羊毛布料的需求缺乏弹性，而对棉制品的需求弹性很高，且需求似乎一直得不到满足。纺织厂商迅速采用了大量节省劳动力的设备，此举不仅能够生产更多产品，而且能够大幅度提升产品质量。

如表4-2所示，英国的手摇织布机织工一直是行业中重要的一类雇员，直到1830年，织工的数量才开始下降。1840年，动力织布机织工的数量彻底超过了手摇织布机织工的数量。19世纪50年代后期，手摇织布机行业几乎消失了，影响了大约25万甚至更多的男人、女人、孩子的生计，他们要么挨饿，要么迁移到其他城市或工业小镇谋生。尤其对女人和孩子而言，新工厂提供了必要的就业机会。

表4-2　英国动力织布与手摇织布的对比（1795—1861）

年份	动力织布机织工	手摇织布机织工
1795	—	75 000
1813	2400	212 000
1820	14 150	240 000
1829	55 000	225 000
1833	100 000	213 000
1835	109 000	188 000
1845	225 000	60 000
1850	250 000	43 000
1861	400 000	7000

资料来源：Crouzet，1982.

19世纪中期，英国完成了棉制品工业的机械化。最初，动力主要是畜力，但很快大部分纺织厂就开始采用水车动力。美国在南北战争结束后再次成为棉花供应地，而此时蒸汽动力也替代了水车动力。由采煤、炼铁、棉纺工业的发展主导的英国商业体系在接下来的50年里走向了完全成熟。

运输行业的变化

19世纪，因为有着欧洲最差的公路系统，英国的名声很差。高速公路收费以及道路年久失修是阻碍伦敦和其他一些港口城市生产力发展的障碍。18世纪后半叶，英国通过了一系列关于收费公路的法案，允许成立有限责任公司来建设和运营一部分收费公路。可即使这样，道路的建设和维护质量依然参差不齐，并且很多时候根本就得不到维护。18世纪末，英国已经修建了足够多的公路，形成了以伦敦为节点的邮政货车网。1830年，商业化收费公路建设达到顶峰时，全国拥有大约2万英里有所改善的道路和高速公路。

在工业革命进入第二次跃进之前，人们还需要一种运输方式，将大宗原材料从它们的原产地运到目标市场或海港，如煤炭、农产品、生产制成品等。水运是当时最合适的方式。英国很早就开始发展内陆水运，在1750年之前就对内河水路进行了改善。另外，由于距离海岸线70多英里，该国的沿海航运网络早已相当完善。1815年之后，航运网络更是得到了进一步发展，因为水手们不再面临海军舰艇的威胁，而英国舰船也不再遭到法国或其盟友的占领或破坏。

水运建设第一波高潮发生在18世纪60年代至70年代，由私人投资的内陆水运系统迅速缓解了英国工业的直接运输的需求。18世纪80年代至90年代美国独立战争结束后，水运建设第二波高潮紧跟着到来，并在18世纪末达到顶峰。起初，人们修建运河是为了将煤炭从煤矿运到港口以便出口，将其用作锻造、酿酒、制革、有色金属冶炼和制造等行业的燃料。煤炭是运河之王，因为它几乎可以用于英国所有的工业行业。1858年运河停建时，英国已经有超过4000英里的内陆水道得到了改善。

新建收费公路和内陆水道系统戏剧性地降低了大宗原材料的成本，新公路和运河沿线也聚集了一些新工业。最后，这使制陶商乔西亚·韦奇伍德等消费品生产商能把大规模生产的商品以很低的成本，安全、定期地运送到市场上。新运输系统高效、可靠，进一步促进了机械业和消费品行业的发展，同时也使零售系统的发展成为可能。很快，英国每一个有工作的人都可以梦想拥有几个世纪以来仅被一小部分贵族精英所拥有的产品。

金融和管理方面的变化

说到底，运河系统一个最大的间接效益来自其财务和管理架构。大部分运河都是由私人长期资本投资修建的，其中有些投资来自那些将从中获益最多的人。于是，英国的企业逐步习惯了股份融资。运河修建也帮助培养了一批投资者，当19世纪40年代全球铁路建设蓬勃发展时，他们伺机投身其中。这批英国投资商在很大程度上满足了全球铁路网建设在资金方面的巨大需求，并很快使伦敦成为全球金融中心。1979年，迪恩（Deane）认为，运河修建带来的新投资商的兴起是早期工业革命最重要的成就之一。

此外，运河的运营者并不是这些投资商，而是这个世界上最早一批专业的工业管理者。其实，他们中几乎没有人对运河本身有任何经济利益。他们管理分散在各地的大型企业，如铁路和全球船运网络等的经验是从管理英国的收费公路和运河运输系统的实践中积累的。

—— 煤炭、铁和棉花（1842—1873）——

维多利亚女王统治的前半期，三个行业的发展带动了英国经济的繁荣：煤炭开采、炼铁以及持续领先的纺织业。这一时期的增长有三个主要因素。第一个因素是英国工业生产的增长率远高于同期其他国家。这种增长势头一直持续到19世纪中期。到1901年维多利亚时代结束时，英国工业生产总量是1820年的5倍。

英国商业体系在这一时期实现巨大繁荣的第二个因素是先进科技的快速发展。这些先进技术被应用于生产和动力方面，新机器不断地被发明、改进，越来越精密和复杂。内燃蒸汽机为这些机器提供了更多的动力。

第三个主要因素与企业本身的结构有关。在工业革命初期，所有的企业都是小型、集中创业的活动。它们的资金主要来自商人的家庭资本或企业主在早期贸易活动中赚到的利润。生产主要由一些个人分包商或者在家里或小作坊工作的计件工人完成。1850年，大部分企业的规模依然很小，但是有一些已经开始逐步做大，越来越多的工作在工厂中完成，而不再交给分包商。因此，生产的速度很快就变成取决于工厂发动机的速度，而不是工人的速度。

在这个时期，与英国工业结构变化相关的另一个现象是参与生产的男性工人的数量减少，而女性及童工的数量大幅增加，因为这些人的薪酬更低。大部分手摇纺织机的操作工仍是男性，而操作动力织布机的主要是妇女和儿童。

小企业主导

19世纪中期，英国的商业几乎全部由个体商户或小型合作企业构成。这些企业以土地资产一直以来的转移形式一代代地传递下去。另外，商人家庭热衷于联姻，这是早期整合发展中比并购更常见的一种方式。

个人所有制占主导地位有两个原因。第一，南海泡沫事件后，公众的呼声使英国通过立法禁止成立非官方许可的股份公司，以此来约束股票操纵和投机。第二个原因与企业本身的性质有关。当时，英国的企业，包括那些制造企业，往往规模相对较小，它们对长期投资的需求并不大。

这些英国企业家往往是通过朋友、亲戚，后来通过资产抵押贷款来募集启动资金。他们认为只有自己才知道怎样做对企业最好，董事会的"瞎指挥"对他们来说无异于诅咒。绝对的所有权意味着绝对的控制。

然而，半个世纪以后，大型工厂对资本的需求到达一个临界点，传统来源的资金已经无法满足需求。例如，新建一家钢铁厂需要大量资金。另外，不能成立股份公司，就意味着企业主保留其对企业的全部财务责任；一旦出现问题，债权人除了可以收走公司的资产外，还可以追讨企业主的私人财产。出于对失去一切的恐惧，人们对议会施加压力，要求允许设立公司，并限定有限责任。

允许设立公司的法律

议会通过了一系列新法案，使成立公司变得更简单，同时废止了过去的限制性法令。首先，议会于1825年废除了《泡沫法案》，接着于1837年尝试放宽剩余的一些法令，这样就能通过行政流程成立公司，而不需要议会的特别法令。股份公司只要符合披露要求，任何人都可以查询该公司的状况。尽管这些早期法案的出发点是好的，但它们并没有使得任何程序被广泛应用。放宽政策的法令也没有太见效，因为它们忽视了为潜在股东提供有限责任公司的收益。

直到19世纪50年代后期，这种疏漏才得以修正。从1856年至1862年陆续出台的多个补充法规，终于使完全有限责任成为可能。然而，即使在有限责任立法通过之后，也很少有英国企业主去利用这个机会。直到19世纪80年代，公司地位才真正开始转变。

1873—1896年的大萧条

1873—1896年的大萧条首先在欧洲大陆开始，标志性事件就是1873年4月奥地利和德国铁路建设热潮崩溃。商业失败和经济困难迅速席卷了英国和美国。1876年，欧洲和美洲的经济普遍衰退。

1878 年，苏格兰最大的工业银行——格拉斯哥银行（Bank of Glasgow）的破产引发了英国其他地区类似银行的破产。英格兰银行采取的措施有效减缓了衰退，经济开始缓慢恢复（不包括农业，因为农产品的价格在经济崩溃后近 20 年里都非常低）。然而几年后，随着一家颇有实力的法国银行的倒闭，另一轮萧条开始了。工资和物价都急剧下降，导致就业率下降并在 1886 年触底，英国街头到处都是抗议和骚乱。但是，第二年经济开始复苏，到 1893 年，那些在萧条期活下来的企业又重新繁荣起来。

对英国经济此轮短暂回暖做出主要贡献的行业虽然还是纺织业，但其他行业也迅速追赶上来，其中钢铁生产及钢铁制品是关键行业。钢铁和铁路建设的新时代出现在 1843 年到 19 世纪 70 年代中期的维多利亚时期。英国的钢铁时代以及与其密切相关的机械、造船和建筑业开始成为经济发展的第一驱动力，纺织、煤炭和钢铁行业走入了衰退阶段。

—钢铁时代的英国（1870—1914）—

1856 年，英国人亨利·贝塞麦（Henry Bessemer）获得了第一项发明专利，使人们能够生产出质量稳定、价格低廉、数量充足的钢材，从而使其价格低至足以发挥更大的作用。他发明的炼钢方法是在流动的铁水中吹入热空气，这样就能燃烧掉多余的碳和其他杂质。但这种方法只能用于那些含磷不多的铁矿石，法国和德国的大部分铁矿石都含有磷，不能用这种方法进行生产。英国很多铁矿石也含有磷，但英国的钢铁生产商长期以来都从瑞典和西班牙进口无磷铁矿石。通过这种方式，英国的钢铁生产商快速地超越了他们在欧洲大陆的竞争对手。19 世纪 80 年代和 90 年代，英国成为世界上最大的钢铁生产国。尽管处于领导地位，英国的钢铁产量还是不能满足国内外的全部需求，仍需要从瑞典、德国、比利时进口大量钢铁，这就同时促进了这些国家钢铁工业的发展。

钢铁和英国的铁路

19世纪70年代以后，钢铁主要被应用于铁路。当时，英国的铁路网已经超过15 650英里，铁轨全部是由钢铁制成的。在接下来的10年里，又增加了2285英里。到1890年，英国有超过2万英里的铁路在运行。

两年后，所有轨道都采用了相同轨距，铁路系统就完全整合了。当最后一段宽轨（5英尺，而不是标准的4英尺8.5英寸）被从帕丁顿车站拆除后，英国最后一段纯宽轨距铁路，即大西部铁路（Great Western Railway）也被转换为标准轨距了[①]。

新的钢铁生产方法

1879年，另一个英国人西德尼·吉尔克里斯特·托马斯（Sidney Gilchrist Thomas）发明了一种从英国、法国、德国的含磷铁矿石中生产高等级钢铁的方法。在贝塞麦生产流程中，采用吉尔克里斯特·托马斯方法（也被称为托马斯方法或基本法），生产商们可以使用低品位的含磷铁矿石。没有使用吉尔克里斯特·托马斯方法的炼钢方法被称为酸性方法。由于每种方法生产的钢具有不同的特性，因此酸性法和碱性法都用于贝塞麦和平炉炼钢法。在19世纪80年代，这些方法以及相关的技术优势帮助英国在钢铁生产方面获得了全球领先地位，钢铁产量超过了130万吨。但是这种领先优势很小，且持续时间并不长，如表4-3所示。1914年第一次世界大战爆发时，美国的钢铁产量几乎是英国两种炼钢方法总量的三倍，德国的钢铁产量也接近英国总产量的两倍。

---

① 英国的大西部铁路使用宽轨，英国的主要铁路都是标准轨。大西部铁路亦于1892年改成标准轨。——译者注

表 4–3　　　　1880—1914 年英国、美国、德国的钢铁产量　　　　（单位：千吨）

	贝塞麦			平炉			其他	合计
	酸性法	碱性法	贝塞麦法合计	酸性法	碱性法	平炉法合计		1914
英国								
1880	—	—	1061*	—	—	255[1]	—	1316
1885	—	—	1324*	—	—	594[1]	—	1918
1895	—	—	1560*	—	—	1753[1]	—	3313
1900	1275	499	1774	2910	298	3208	—	4982
1905	1419	587	2006	3093	808	3901	—	5907
1910	1157	651	1808	3066	1604	4670	—	6478
1914	810	490	1300	3741	2922	6663	—	7963
美国								
1880	975	—	975	—	—	92	65	1132
1885	1378	—	1378	—	—	121	54	1553
1890	3348	—	3348	—	—	466	67	3881
1900	6066	—	6066	774	2309	3083	96	9245
1905	6928	—	6928	1049	7093	8142	101	15 171
1910	8541	—	8541	1100	13 876	14 976	162	23 679
1914	5645	—	5645	820	14 765	15 585	107	21 337
德国								
1880	679	18	697	—	—	36	—	733
1885	379	548	927	—	—	276	—	1203
1890	351	1493	1844	—	—	388	—	2232
1900	351	4142	4365	148	1997	2145	136	6646
1905	424	6204	6628	166	3087	3253	186	10 067
1910	171	8202	8373	140	4974	5144	383	13 870
1914	100	8144	8244	275	5946	6221	481	14 946

* 单项数值未获得。

资料来源：Chandler, 1990.

尽管很少有英国生产商认为有必要改进生产方法，但吉尔克里斯特·托马斯方法很快就被国外广泛采用。德国从法国手中接管了含磷铁矿石储量巨大的阿尔萨斯和洛林地区后，发现这种方法非常适合用于生产。引入吉尔克里斯特·托马斯方法后仅 15 年，德国钢铁的年产量就永久地超过了英国。进入 20 世纪后，为了满足在机械制造和其他工业领域的巨大需求，英国成了欧洲最大的原料钢进口国。

造船业对钢铁的需求

19世纪下半叶到1914年战争爆发之前,英国经历了钢铁贸易和军用船舶制造的繁荣时期。最初,这些船是用英国的铁板建造的,后来随着钢铁供应量的增加,造船厂改用了英国的钢铁。尽管早在19世纪初就有了铁壳船和铁木混合船,但直到19世纪60年代后,铁船才完全取代了木船。到19世纪80年代中期,钢铁彻底取代了熟铁用于造船。

几乎全部英国进出口货物都是由悬挂英国国旗的船只来运输的。其中,第一艘真正成功横渡大西洋的明轮蒸汽船是1838年英国的"大西部号"(Great Western)。不久之后,螺旋桨取代了明轮,被用于大型货轮和客轮。最初,蒸汽机效率低且危险,所以大部分船只都同时使用帆和蒸汽动力。随着蒸汽机的燃油效率越来越高,帆最终被蒸汽动力取代。当时,蒸汽船引擎的最先进之处是使用了复合式蒸汽机。这种蒸汽机的蒸汽按顺序进入两至三个直径连续增大的气缸中来产生推动力。当钢铁在造船业中取代了铁时,使用高压蒸汽的复合发动机已经得到了充分的发展,并被广泛应用于航海。

海外贸易的贡献

直到1890年,海外贸易仍是英国经济繁荣的最重要因素。1890年,英国的出口额比法、德两国的总和还要高:英国的出口额约为12亿美元,法国的出口额仅略高于4.9亿美元,德国的出口额约为5.8亿美元。贸易的重要性降低主要是因为纺织业的没落,几十年以来,纺织业一直都是英国主要的出口行业,它也是开启英国工业革命的行业。19世纪接近尾声时,美国和欧洲作为英国棉制品的传统市场,由于受到高关税壁垒保护且或多或少能够自给自足,已经成为英国在全球市场中的竞争者。于是,英国转向了其他市场,尤其是亚洲和南美市场,以弥补原有市场的损失。运输几乎完全由英国商船垄断,这使英国经济进一步获益。

在19世纪80年代的大萧条中幸存下来的商业体系与1870年前的

商业体系大不相同。对于英国商业体系从维多利亚时代巨大繁荣之后发生变化的情况、方式和原因，目前有各种各样的解读。19世纪90年代末，英国工业尽管还处于全球领先地位，但仍然以小型企业为主，仅有50多家企业的市值超过190万英镑（见表4-4）。大部分企业的工人数量不超过50人，它们更适合被称为车间，而不是工厂。其中，一个比较典型的例外是阿姆斯特朗和惠特沃思工程军备厂，这家工厂在第一次世界大战之前就有多达17 310名工人。1890年以后，企业间的并购才变得常见，尤其是在酿酒行业。

表4-4　20世纪最初10年，市值估值超过190万英镑的英国领先企业[*]

行业	数量	占总数比（n=52）
酿酒	17	33%
纺织	10	19%
金属/造船/军备	9	17%
化工，包括制皂	4	8%
农产品加工，包括烟草	8	4%
其他	4	8%

[*] 大型运输企业和邮政服务企业没有包括在内。

资料来源：Floud，1997：112.

结　语

进入19世纪时，英国带着诸多标签：它是拿破仑战争的胜利者；它是全球殖民地体系的主导者，并或多或少以此为其工商业拓展垄断着市场；它拥有一支控制全球海洋的海军；它还是工业产能和创新的领导者。然而，19世纪结束时，它在各个领域都面临着激烈的竞争，努力维持着其市场领导地位。第一次世界大战造成的巨大经济和人口损失让这个国家遭受了重创。

在19世纪的大部分时间里，英国引领着世界的工商业，以至于那些羡慕它的竞争对手都将其称为世界工厂。然而，19世纪末，它从高位陨落，不仅如此，英国经济还一度陷入停滞并形成了众所周知的英国病（British disease）[①]。传统的观点认为，英国工业没有及时转型以应对不断增加的竞争而导致经济下滑的原因是：（1）强大的工会力量阻碍了哲学家亚当·斯密（Adam Smith）提出的自我调节的市场经济；（2）政府干预；（3）企业主和经理人不愿意反抗针对自由的强制性限制。工会和政府对价格、劳动率及其他管理任务的干涉是第一次世界大战前英国工业衰落的主要原因。

但是，埃尔鲍姆（Elbaum）和拉佐尼克（Lazonick）认为，传统理论在很大程度上是错误的；相反，他们将经济下滑的原因归结为英国工商业中股东人数有限的组织结构，以及企业主不愿意应对来自新企业的竞争挑战。他们对这个问题的阐述如下：

> 在美国、德国、日本等国家，20世纪经济的快速发展是基于大规模生产方式以及管理协调的公司形态。但是在英国，对现代技术和组织创新的应用受到传统社会经济学在企业、产业和社会层面的各种限制。劳资关系、产业组织教育体系、金融中介、国际贸易以及国企关系等根深蒂固的制度结构，束缚了个体、团体或企业的能力转化为生产力。英国的问题在于经济决策的制定者们缺乏改变现行制度约束的方法，而认为这些问题是"理所当然"的。由于未能直面制度约束，英国企业家无可非议地被鄙视为"失败的企业家"。

[①] 一种经济现象，始于20世纪20年代，在1967年英镑危机之后趋于激化。其症状包括经济发展缓慢、危机频繁、产业结构陈旧、地方分权主义严重。——译者注

A COMPARATIVE HISTORY OF COMMERCE AND INDUSTRY

第三部分

德国的管理型工商业

第 5 章

德国工商业的基础

德国地处欧洲大陆的中心，长期以来对西方文明的文化、思想、科学和商业都有很大的影响力。这种影响力比较深远，却并不总是受欢迎的。公元 800 年，神圣罗马帝国（也被称为第一帝国）建立，直至 20 世纪中叶，德国的邻国一直难以与这个神秘的国家达成一致。许多人试图去定义所谓的德国问题，却总是徒劳无功。

自德意志第一帝国建立以来，德国问题至少围绕着三个方面：德国是什么？德国人是谁？德国文化是什么？对德国人民而言，这三个问题至今都很难界定。

先谈一谈如何定义德国身份这个老生常谈的问题。德国版图曾随时间和环境的变化，时大时小，曾从波罗的海延伸至地中海，也曾从莱茵河西岸向东延伸至今天的波兰境内。1945 年以后，以全球政治和意识形态斗争为特点的冷战笼罩了德国，"德国是什么"这个问题也有了新的意义。最近的重大变化发生在 1990 年 10 月 3 日，东德与西德统一。两德统一使冷战逐步走向结束，但这并没有回答关于德国的所有问题，比如，对于强大的德国而言，如何在欧盟乃至全球发挥最强经济体的作用呢？

再谈"德国人是谁"的问题。罗马军团首次进军这片大陆前，日耳曼、凯尔特、斯拉夫部落都曾在中欧这片土地上繁衍生息。这些部落中六个主要的族群构成了今天德意志民族的主体。德国文化可能是最能引人思考的一个问题，尤其是联想到1933年至1945年间发生的很多不人道的暴行。人们不禁会问："在不到30年的时间里，究竟是怎样的文化会引发两次世界大战并助长大规模的种族屠杀？"1981年，学者希恩（Sheehan）认为，独特的德国文化起源于16世纪马丁·路德（Martin Luther）掀起的反对罗马天主教会贪污的改革运动。马丁·路德将《圣经》翻译为德文，为德国学术语言传统的建立奠定了基础，激发了德国民众用母语阅读的意识。

—— 定义德国 ——

19世纪，德国问题在维也纳会议（1814—1815）上首次成为欧洲范围内的问题，在这次会议上，战胜国聚集一堂，重新划分后拿破仑时代欧洲的政治版图。会议的主题围绕如何划分分散在德国境内的数百个邦国和私有领地，以及如何处置与胜利的普鲁士、奥地利、俄国军队作战的战败方。普鲁士和奥地利试图争取更多的土地，以期达到主导德化欧洲的目的。拿破仑曾在法国和东欧之间建立了作为缓冲地区的莱茵邦联被解散。战胜国争夺的焦点是战败方的领土，主要是与法国接壤的莱茵河州以及萨克森州的土地。

普鲁士和奥地利将自己定位为非德意志联盟，它们也有兴趣瓜分胜利果实。英国的主要目的是维持欧洲大陆的平衡，确保不会出现一个强大到足以干涉英国进入欧洲大陆、其殖民地以及全球贸易和商业市场的国家。俄国的目的更为复杂，它决心夺取和控制波兰大部分地区，但是最终并未达到在巴尔干地区寻求影响力的目的，该地区长期以来一直是奥地利的势力范围。当谈判最终完成时，德意志的上百个独立和半独立的邦国只剩下了36个。奥地利确保了其作为德意志最大和最强邦国的地位，普鲁士紧随其后，巴伐利亚第三。

第5章 德国工商业的基础

在以普鲁士为主力的德意志军队打败拿破仑三世领导的法国军队后,德国问题再次被提出。在这场短暂的战争结束后,普鲁士首相奥托·冯·俾斯麦(Otto von Bismarck)开启了统一德意志其余独立邦国的计划。他希望建立一个由普鲁士领导的主权国家。对于这个新崛起的国家而言,问题随之而来,就是如何确保德意志的经济、政治、军事都飞速、稳步地增长,并营造出欧洲势力均衡的假象。势力均衡是英国和俄罗斯共同关心的问题。从外部环境上看,美国经济的迅速发展也逐步成为一种威胁,有可能使德意志在经济和政治上永远屈居于美国之后。

德意志帝国于1871年统一,它虽然登上主要政治大国的舞台较晚,但发展迅速,欧洲乃至世界都需要重新估量这个新起之秀。统一之后的20年内,德意志帝国经历了高度的工业化历程。德国的经济实力迅速赶超英国,仅次于美国,居世界第二位。对德国在欧洲大陆的邻居们而言,德国问题已转变为探索如何与德国迅速发展的工业竞争。质量高、价格低的煤、钢铁和工业机器等德国产品打破了由英国、法国和比利时等国主导市场的格局。仅仅由于过高的关税,德国商品就没能主导美国市场。另一个德国问题就是德意志民族的好战和1914年以后实施的国家战争战略。20世纪30年代,国家社会主义盛行,希特勒将欧洲带入了另一场全球武力冲突的漩涡。

至20世纪90年代初期,战后的德国问题是应对分裂的局面。西德是美国和西欧的重要同盟,而东德是苏联主导的东方联盟国家的主要成员。1990年两德统一后,德国问题转变为内部矛盾,西德通过提高税率为东德提供资金支持,以使东德在经济方面能够赶上西德的水平,但对过时的工业基础设施进行现代化改造和治理环境污染的成本远远超过了预期。由于德国的注意力逐渐转向国内,因此其经济受到影响,甚至影响了整个欧洲。[①]

统一后的德国是欧洲面积最大、实力最强的国家,它成为驱动其他

[①] 东德和西德于1990年统一,本书作者为方便比较,1990年后依然沿用东德、西德的名称。——译者注

欧盟伙伴国经济的引擎，领导着欧盟经济、社会和政治的发展。然而，对于部分欧洲人来讲，德国重新崛起后主导欧洲的可能性再次成为新德国问题的焦点。

— 领土与人民 —

统一的德国由 16 个独立的联邦州组成，从地理位置上看，德国位于欧洲大陆的中心。联邦州在德国的国家治理中扮演着重要的角色。从某种意义上讲，它们的独立性与 19 世纪加入普鲁士王国时期并无太大区别。德国领土从北海和波罗的海向南延伸至瑞士与阿尔卑斯山，西接法国、比利时、卢森堡和荷兰，东临丹麦、波兰、捷克斯洛伐克和奥地利。

欧洲中部

德语"Mitten in Europa"的字面意思是说德国位于欧洲的中部。事实上，一千多年来，德国实际的疆界不断地被重新划定，德国人占领的土地也随着时间、军事、政治和社会的兴衰而变化。简单地说，人们普遍认为德国占据着欧洲大陆中部的一片区域。可是从地形上看，这种长期以来的认知无法真实地反映德国的地缘政治特点。从广义上说，德国只有三个独立的地形区。北部沙地地势低平，自北海和波罗的海向东和向南是大片湿地区。中部是一大片连绵起伏的丘陵、次级山脉和山谷，这些山脉从东到西贯穿中部地区。南部是一小片较高的丘陵和山脉，它们最终与阿尔卑斯山脉合并，这些山脉是划分欧洲南北的分界线。

自古以来，德国被广袤的森林植被覆盖，林间零星散布着一些小农场。滋养这些森林的是德国丰富的水文体系，这些河流大多是南北流向的，只有多瑙河是东西流向的。莱茵河、奥得河、维斯瓦河、易北河、威悉河的干流和支流都流向德国北部、西北部或东北部。回顾德国历史，水文体系对德国的文化和贸易发展都起到了很大的作用，至今仍惠及德国。1991 年，随着莱茵－缅因－多瑙河航运体系最后一条运河的开通，德国的水文体系从大西洋延伸至黑海。

德国人民

公元5世纪以来，来自不同地区的移民者迁徙到欧洲中部这片土地上，在这里扎根生活，逐步形成了今天的种族模式。罗马人将大多数居住在德国密林中的人聚集在一起，称他们为日耳曼人。起初日耳曼人仅指在德国土地上居住的非凯尔特部落的人，很快它成为所有在这片区域生活的人的统称，包括盎格鲁人、撒克逊人、莱茵人、辛布里人等。日耳曼人并不是某一族群的名字，皮肤较黑、头发乌黑的南部山区居民、金发碧眼的中部山岭地带居民、红发高个的北部地区居民都是日耳曼人。

人们的迁移和融合导致了更大的多样性。西部和西南部以凯尔特和罗马血统为主，北部更多的是日耳曼人，东部多为日耳曼人和斯拉夫人，东南部则居住着凯尔特人和德国原住部落的后代。

可以看出，德国人不是能被简单定义的。将不同族群牢牢捆绑在一起的是文化的融合。当统一的文化形成后，这些来自不同部落的人最终有了一个共同的名字：德国人。

德国政治国家的起源

人们普遍认为，现代德国起源于公元800年左右，公元10世纪，首个德国政治国家出现了。到公元800年，这些部落与周边聚居者逐渐融合，形成了五个主要的社会政治分支，也就是今天的德国。这五大州分别是萨克森、法兰克尼亚州、巴伐利亚州、士瓦本州和洛林州。与北海接壤的是萨克森领地。莱茵河西部，包括今天的荷兰、比利时和卢森堡的大部分地区，属于洛林领地。法兰克尼亚位于德国中部，南部与士瓦本接壤。士瓦本的东南方向是巴伐利亚领地。11世纪至13世纪向东的迁移就以这里为出发地，扩展了德国的领土，原住的斯拉夫人被迫东移或与新的民族融合。最终，北起波罗的海沿岸的波美拉尼亚和普鲁士，南达西里西亚、波希米亚、摩拉维亚和奥地利，生活在这些区域的居民成了德国人。

向东大迁移最终在东南部停止了,因为匈牙利人拒绝再向远处迁移,而东部和东北部在14世纪中期爆发了黑死病疫情,使整个欧洲的人口大量减少。14世纪下半叶,受疫情影响,德国死亡的人数约占其总人口的20%~30%。黑死病疫情席卷了村庄和乡镇,数千英亩的农场从现代文明之地变为不毛之地,迁移也因此中止。大约100多年后,黑死病的影响才逐渐消散,曾经凋零的土地逐渐人烟兴旺起来。

—— 发展阶段 ——

德国从分散、有血缘关系但并不关联的日耳曼、凯尔特、斯拉夫部落到初具一个现代国家的雏形经历了三个不同的阶段。第一个阶段是公元前1世纪,西部和南部的部落联合起来共同对抗罗马帝国。为了将野蛮人部落赶出罗马领土,罗马建立了诸多防线,被称为莱姆防线。莱姆防线自莱茵河中部横跨德国中部到达内卡河,并一直延伸至多瑙河北部。莱姆防线后方的人民成为德意志帝国的重要组成部分,而防线以外的人民则与他们以前的"亲属"进行了旷日持久的战争。

第二个阶段始于大约800年后,查理曼大帝征服了北部和西北部的撒克逊人。公元768年至814年,查理曼大帝作为法兰克(法兰克尼亚领地)国王进行统治。在他统治期间,基督教在这一地区传播开来。查理曼大帝合并了所有的日耳曼部落,并成立了一个归属于神圣罗马帝国的统一政府。公元800年,查理曼大帝被加冕为"罗马人的皇帝"。公元814年,查理曼大帝去世,他的三个儿子继承了帝国。此后的100年间,曾经统一的帝国逐渐分崩离析。直至公元911年,都没有一位国王来统领整个帝国,从这一年开始,德国历史才真正拉开了序幕。

第三个阶段是德国在欧洲开始占有一席之地,这一时期恰逢西部大规模城镇化浪潮,曾被斯拉夫人长期占据的易北河以东的土地也成了殖民地。这一阶段始于公元1150年左右,终于14世纪中叶的瘟疫肆虐。

在这一阶段的初期，德国还是一个封建国家，实行传统庄园制，经济以农业为主。

当时，社会中的上层阶级是军事贵族和教会的高级教士，类似于日本封建时代的武士制度。那些不受封建地主控制的土地大多归教会所有。大约有 500 万~600 万人生活在独立的庄园农场或以城堡、教堂为中心的小村落里。在这些小村落的周围只有一些零星的空地可用于农耕，此外都是荒无人烟的茂密森林。

到第三个阶段末期，也就是 14 世纪中叶，德国的经济被数量庞大的城镇所主导，许多城镇出于安全和政治的考虑，与其他城镇结成了同盟。商业、贸易和小规模家族工业成为这些地区的特点。为了更好地让德国的农业、矿业和工业产品占据市场，德国商人频繁地往来或居住于逐渐兴起的商业中心，如布鲁日和安特卫普。

城镇和早期商业活动

公元 10 世纪后，北部地区不再受北欧海盗的侵扰，撒拉逊人和匈牙利人也不再侵犯南部和东南部地区，德国的人口得以缓慢却稳定地增长起来。传统的农耕方法和有限的农业用地无法为不断增长的人口提供足够的食物。因此，在黑死病肆虐前，农业和庄园出现了两股移民潮。一些人去了易北河东岸，那里有斯拉夫人留下的免费土地；另一些人则去了离家近但文化上差异很大的地方——大的区域性市场，包括村庄或发展缓慢的城镇。

到公元 12 世纪，农产品经历了突飞猛进的发展，一是由于开垦了东部新的粮食产地，二是由于马拉四轮犁代替了旧的牛拉犁耕，耕作速度加快。在这种情况下，充足的剩余农产品为大量的人口流向城镇提供了支持。

在城镇落脚的新移民发挥了两个作用。第一，他们为新兴制造业提供了大量廉价劳动力，大多数人都从事编织和其他纺织工作。第二，他们中一些人成了手工艺者或工匠，制作铁艺品、皮革制品以及家具等。

随着工艺品数量的增加，对商人数量的需求也在增加。多余的工艺品需要卖出去，同时当地没有的商品也需要进口。一部分工匠自发组成了行会，满足了部分需求。例如，行会通过定期培训和学徒培训为行业的持续专业性提供了保证，还为成员的遗孀和其他家人提供了保险，此外还通过提高价格来防止非行会成员生产的商品流入当地市场。

11世纪至14世纪，城镇兴起推动了工业生产、商业和贸易前所未有地蓬勃发展。贸易的内容也发生了变化，不再是为贵族和修道院提供奢侈品，而是注重为新兴工业生产寻找和提供原材料，如羊毛和皮革，同时分销城镇的成品。在德国北部，纺织业发展迅速，并开始主导经济活动。中部和南部主要生产和销售金属工业产品。德国茂密的森林逐渐被砍伐，用作新兴金属工业的燃料。几个世纪以来，盐都产自波兰和德国南部的蒂罗尔地区。由于城镇人口的增加，对于可以保存食物的盐的需求量大大增加。例如，北部和波罗的海的咸鱼被交易到南部内陆地区。它和来自易北河北岸的琥珀和谷物，为北部沿岸汉萨同盟的贸易城市带来了财富。

此外，商贸集市也是带动城镇发展的另一个重要力量。起初，长达一周的集市是为庆祝当地或区域性宗教节日而举办的。13世纪中叶，许多集市成了主要的商业活动平台，可能会持续数周甚至更久。由于这些商贸集市在经济中越来越重要，许多流动小贩开始在安全又稳定的城镇中长期居住下来。在这种情况下，商人更多地活动于城镇，而不是贵族社会，而且他们交易和供应的商品，包括日用品等种类也越来越丰富了。在这种转变的带动下，出于购买商品的需要，人们开始依赖货币。

德国是最后几个完全实现工业化的大国之一，尽管其踏上工业化之路的时间晚于英国、比利时和美国100年之久。在这个过程中，德国并没有遵循英国和美国的自由主义或市场导向的资本主义模式；相反，德国以自己的方式实行工业化，形成了一种新的模式，我们现在称之为"有组织的资本主义"。在这种模式中，大公司以卡特尔的形式规模化运作，管理市场而不是受控于市场无形的手。

不论城镇和城市是中世纪末期德国出现新的经济焦点的原因还是结果，它们都越来越重要了。普尔对城镇在经济状况发生的巨大变化中所做的贡献总结如下：

> 13世纪上半叶，德国城镇法制迅速完善，城镇的经济快速发展。面对中央政府的反对和领土主的激烈反抗，它们稳步前进。它们逐渐摆脱了封建统治，获得了自主发展商业和贸易的权利。和平、安全的高速公路以及压制地方领主任意征收过路费，对这些繁荣发展的商人组织有重要作用。

两波不同的发展浪潮体现了中世纪城镇在欧洲的重要性。第一种趋势始于12世纪下半叶，一个名为伦巴第城镇联盟的组织于1167年成立。这个联盟中的商人和贸易公司常常翻越阿尔卑斯山，在德国南部的城镇中设立代表处。随着地中海周边贸易的复兴，米兰、洛迪、维罗纳、贝加莫、帕多瓦等城镇也日渐繁荣。伦巴第联盟用来自意大利和中东的工业制品以及来自东方的香料交换来自德国和波罗的海的森林、河流和农场的原材料和其他产品。

约100年后，北部地区开始了第二波浪潮，首先是沿北海和波罗的海沿岸的汉萨同盟，之后是德国中部城市组建的莱茵同盟。汉萨同盟成立于1241年，同盟中的城市位于欧洲北部。汉萨同盟对于建立波罗的海和北海沿岸与南部城市的国际贸易渠道起了重要作用，同盟成员可以通过南北贯通的德国、波兰和俄国水路到达黑海，通过陆路穿过阿尔卑斯山脉。这些城市交易鱼、谷物、琥珀以及其他原材料和商品，也进口南部的工业品和香料。1254年，莱茵河流域的城镇也建立了同盟，将贸易发展到北部和南部，包括德国中部和南部地区日益重要的金属和矿产品，以及德国和法国的红酒。莱茵同盟最初的成员包括科隆、沃尔姆斯、斯特拉斯堡和巴塞尔等城市。

汉萨：在混沌中建立秩序

中世纪时，混沌之神统治着我们今天所称的欧洲国家。当时还没有德国、爱沙尼亚、拉脱维亚、波兰、俄国、荷兰、比利时和丹麦。甚至可以说，公国、公爵领地、总督辖地、飞地、独立城市、宗教飞地和各种其他形式的领地被不同的国王、侯爵、公爵、男爵、领主、伯爵、主教以及任何有权力宣称并且捍卫所有权的人统治着。他们之间就税费、通行费和关税的摩擦不断，为了土地征战不休，没有时间，也没有意愿促进贸易的发展。

在这种没有安全保障的环境中求生存已属不易，但在神圣罗马帝国统治下的一个名叫吕贝克的城市中，仍有一群男女认为他们能够通过与其他地区买卖货物赚取大量钱财，前提是他们被允许这么做。13世纪中叶，在欧洲北部地区，波罗的海沿岸的城镇中生活着一群有着相似想法的商人。他们决定联合起来成立一个组织，共同促进贸易，保护商人。在这种理念的驱动下，汉萨同盟成立了——一个由约70个北欧城镇的商人组成的松散联盟。顶峰时期，同盟的成员有170多个城市，贸易市场扩展至非洲及远东地区。

此后的300年间，汉萨商人从事各种贸易，商品包括波罗的海的鱼、琥珀、盐、木材、谷物和纺织品，还有松香、船只、铁、铜等任何所需、所求或可供给的东西。尽管同盟并没有一个正式的政治组织，但是它们成立了一个松散的议会和法庭来裁决贸易分歧，并联合起来抵御海盗，对抗觊觎其利益者施加的政治压力。汉萨同盟并没有军队或海军，但只要有需要，成员城市就会联合起来。它们还在成员城市之外的港口共同建设和运营贸易设施。16世纪至17世纪，汉萨同盟的影响力逐渐减弱，因为在这一时期，欧洲贸易的重心从北部转移至地中海和新大陆殖民地。到了18世纪，汉萨同盟已不复存在。

资料来源：Halliday，2009.

14世纪初，德国的人口已经增长到1000万~1400万之间，这取决于人们选择将哪些德语区包括在内。新兴资本主义经济正在形成，对旧的封建社会产生了极大冲击。那些占据易北河东岸原斯拉夫人土地的农民拥有了自己的农场；工业产品、贸易和商业推动了货币经济的发展。城镇对农奴们有极大的吸引力，只要熬过一年的逃亡期，他们就能获得永远的自由。

拥挤、无序的中世纪城镇成为逃亡的农奴和受压迫学徒的天堂。而且，城镇成为文化的中心，经济自由，机遇遍地。在日益重要的贸易集市的推动下，城镇越来越都市化，而且充满了活力。如果这样继续发展下去，德国可能会成为欧洲第一个完成工业化的大国，而非最后一个。然而，14世纪中期，一场突如其来的意外让整个德国工商业发展的态势戛然而止。黑死病席卷了城镇，1/3甚至更多的人口死去。很多地区变得荒无一人，东部新开垦出的农场再度成为荒地。现在我们称为德国的区域重新回到了大熔炉状态，有半自治的城邦、以城堡为中心的帝国骑士拥有的小公国和领地，还有不同的教会领地。这种各方争据的局面持续了约500年，对一些人所谓的德意志性格的形成产生了重大的影响。德意志性格指的是德国人对外来人的信任和猜疑。

—民族性的形成—

到14世纪末，三大主要因素影响并塑造了德国人民独特的民族性。我们很难对"民族性"下定义。从广义上讲，这是指一种普遍存在但不一定公开表达的民族认同感、民族灵魂或民族共同体。在一些文化中，民族性采取了一种父母式的表达，如"祖国母亲"或"祖国父亲"。不论选择怎样的词汇，民族性在不同文化的语言中都有体现，有时也会被视为一种文化共识的约定。从这个意义上说，许多文化和历史学家都认为，包括德意志民族在内的各个民族都会形成其鲜明的民族性。民族性还包括影响商业形成方式的人们的信仰和价值观。

地理位置的影响

　　由于地理原因，德国在很长时间内都是与欧洲其他地区隔绝的。茂密的森林、沼泽和湿地、丘陵和山脉把人们分开了。除了莱茵河和多瑙河之外的主要水系，也成为隔绝人们往来的天然屏障，而非社会交流的途径。这种与世隔绝的地缘状态让德国人对其生长的土地极为热爱。地理上的隔离加强了人们对当地的忠诚，这一现象甚至在部落时代就有迹可循。在这种影响下，许多小规模的当地市场中心、政治中心相继出现。几个世纪以来，所有地区，不论是由教会、贵族控制还是自治的地区都在与相邻的地区争夺统治权。正如之前提到的，14世纪发生的黑死病和其他灾难使由商业贸易带来的新趋势和新变化戛然而止。这导致到了1800年，在我们现在认为的德国地区存在1789个独立主权国家，其中314个是独立的州，1475个是教会或公爵领地。德国不过是中欧地区的一个地理标签。

　　另一个对德国民族性产生了重大影响的是封建主义的经济制度。封建主义的核心是土地的从属和屈服于更高权威的理念。这一时期主要的经济机构是半自治庄园和教会。

　　无论庄园由城堡周围的村庄还是修道院组成，它都尽可能地自给自足，区域内的所有居民都是其中的一分子。每个男人、女人甚至儿童都属于某块土地。这个概念适用于每个人，不论是农奴还是领主。当地法律对每个人的责任都做出了明文规定。农奴负责农场劳动，以及使用分配给他们的土地的实物或劳动报酬。领主负责保卫庄园，并提供资金建造流动磨坊、烤炉和酿酒厂，这些都归他们所有。这些法律都是地方性的，涉及贸易和商业，如价格和利率等。在这种社会中，多数人努力去支持少数人，如同日本的武士制度一样，武士阶级也得到了大多数农民的支持。逃避责任的惩罚极其严厉，往往会丧失性命。

信仰的作用

第三个对德国民族性产生影响的因素是对上帝的信仰。这意味着人们甘愿接受上帝的指令来工作。所有的劳动,无论是耕种、手工业,还是介于两者之间的所有劳动,都被视为是在神的旨意下开展的。对领主和农奴而言,教堂、神庙和牧师甚至教会中的仆人都是指引者。教会规定了薪酬标准、"约定俗成"的价格和租金、谁可以结婚、什么时候结婚、人们可以从事什么职业,甚至可以接受什么种类的教育以及接受多少教育。

12世纪后半叶,乌兹堡和科隆主教成为帝国的统治者,越来越多的教士对权力和财富的欲望日益膨胀。很多高级教士攫取了大量个人财产。例如,福尔达主教拥有15 000座独立的庄园。对于国王忠心耿耿的宗教君主在和平或战乱时都为其效力。最终,许多教会首领都在其辖区内获得了至高无上的统治权,他们管理司法、维护治安、掌管军事、控制税收和海关、建造堡垒。这些做法在巴伐利亚大部分地区随处可见。1007年,萨克森王朝的最后一位君主亨利二世将纽伦堡东部和北部的土地赠予了班贝格教区。自1052年起,维尔塞克的巴伐利亚小镇地区就有了城堡。

1332年,班贝格地区的主教下令在该镇筑起城墙。1430年,另一位主教下令建造了第二道城墙,墙外有护城河。班贝格的主教们掌控城墙内的农场、村庄和城堡长达800年之久。1802年,由于莱茵河西岸的土地被法国人占领,他们占领的土地才被转给了巴伐利亚国王。宗教改革时期,教会拥有巴伐利亚地区足足一半的耕地。

——中世纪商业和贸易(1350—1500)——

黑死病大大减少了欧洲人口,自1350—1500年的150年间,德国各州经历了缓慢且漫长的复苏和重建之路。在此期间,导致整个欧洲基督教内部分裂的天主教与新教之争打破了重建时期的稳定。

这150年是德国逐步集中化的时期。随着新城镇的出现和传统城镇的扩大，北欧出现了一个新的商人阶层。城镇居民无法种植粮食、制造金属器具、生产服装，更不用说进口用来保存和烹饪食物的盐和香料了。工匠、手工艺者和商人越来越重要。分工越细，效率就越高，大量产品被生产出来，当地市场出现了供大于求的情况。这些剩余的产品就可以作为贸易产品，使与其他城镇和地区的贸易成为可能。那些曾经有本地小集市的城镇逐步成为区域重要的贸易中心，并最终成为国际贸易中心。16世纪德国城镇的规模如表5–1所示。

德国南部的城镇成为工匠和手工艺者的聚集地，而北部城镇则是商人和交易者的汇集中心。此前，出现了一些促进商业增长的重要商业机构，其中最重要的可能是商业银行、股份贸易公司和商业保险机构。这些商业机构最初出现在意大利北部，很快就和意大利商人一起越过阿尔卑斯山，在欧洲其他地方落叶生根。

表 5–1　　　　　　　　16世纪德国城镇的规模与数量

类别	人口	数量	所占比例
非常大	超过 20 000	10	0.54
大	10 000～20 000	18	0.97
中等偏大	5000～9999	57	3.05
中等	2000～4999	186	9.97
小	1000～1999	298	15.97
非常小	500～999	386	9720.69
村庄	低于 500	282	15.12
无人口		628	33.67

资料来源：Scott and Scribner, 1996: 116.

银行和贸易

银行最初是为了促进国际贸易而建立的。在现金不足的情况下，贸易伙伴之间开始流通一些私人商业票据（类似于今天的信用证）。这些信用证是一种期票，约定了票据使用双方都接受的货币，以及在约定的时间和地点付款的条款。13世纪，在北欧的一些贸易集市中，银行业务也很活跃。当时最重要的一个贸易集市是位于神圣罗马帝国西部的香槟贸易集市。来自欧洲各地的商人都汇集于此，不仅仅是买卖货物，还要解决之前的债务问题。不久，一些商人开始在此地长期定居，从事货币交换和借贷。最初只有意大利商人这样做，不久之后，德国人也开始进入这个高利行业。在短时间内，放贷给世俗和宗教领主变得与其他商业行为同样重要。

大约从 12 世纪开始，意大利部分商人开始组建贸易公司，以便分散风险，这样做同时还可以获得风险资本。这些早期意大利公司是家族成员之间的私人合伙企业，并不是真正的股份公司。13 世纪初期，德国汉萨同盟城市中也出现了类似的公司形式。直至 14 世纪中叶，第一家真正的股份公司才在意大利出现。又过了大约 100 年，阿尔卑斯山以北的地区才出现股份公司。由于各种各样的原因，股份公司在整个前现代时期都很少出现在德国。其中一个原因可能是缺乏投资资金，另一个原因是人们倾向于通过占有土地来实现财富积累。

商业保险是意大利人的另一项发明。商业保险出现于 14 世纪早期，并在 14 世纪末变得普遍。商业保险加速了长途贸易的发展。保险在阿尔卑斯山北部不太常见，不过那里的社会保险已经存在了很长时间，那里的行会成员享有人寿险和一些意外险。

第一个行会的出现

1200 年左右，在德国城镇出现了一种新的社会和经济组织形态——行会。基于 11 世纪时在德国北部建立的商人协会的传统，在德国南部的店主和工匠组成了正式团体。这个新组织形式凝聚力强、覆盖面广，并逐步被北部城镇接受。因此，14 世纪早期，这种组织在德国大部分城镇中很常见。在促成和管理商贸活动中，这些组织扮演着越来越重要的角色，几乎影响了中世纪末德国城市中的所有制造业。

行会主要发挥了三个方面的作用。第一，在其区域和势力范围内有独家经营的权利，选出的行会负责人和行业法庭掌控着贸易活动涉及的所有方面。第二，起到世俗的宗教作用，承担宗教义务，如庆祝宗教节日、去教堂做礼拜、监管成员的葬礼和管理婚姻制度。第三，继续为其成员和家庭提供社会服务，包括人寿和灾害保险，这通常与贸易协会的职能是分开的。

行会的成员仅限于高级工匠、商人、贸易商和店主。帮工和学徒可以成为附属成员，并从行会的保护中获益。申请人需证实自己为合法自由人，才能够加入（农奴不被允许加入）。同时，申请人需要已完成2～8年的学徒期和1～3年的试用期。1300年以后，还要求申请人生产的产品是行会贸易中的主要产品。成员资格不仅赋予了成员城镇公民的权利，还规定了其公民和军事义务。此外，成员必须严格遵守行会建立的道德规范。

行会的权力与其垄断地位密不可分。行会对特定行业的所有经营权保持绝对控制，规定商店的规模（通常是有一个、两个或三个帮工），控制原材料的获取，建立和管理质量标准，决定生产水平，并且保持对价格的控制。到了15世纪时，行会通过严格控制区域内熟练工匠的数量来调控竞争。这也是在19世纪末、20世纪初掌控德国经济命脉的大型制造业卡特尔的前身。17世纪之后，行会的影响力逐渐减弱，但是直至19世纪早期拿破仑战争之后，行会才彻底瓦解。

人口增长和新移民

德国人口在12世纪至13世纪的增长缓慢却持久。这种对土地的压力导致了向南和向东的移民潮。拥有自由身份的农民占领了新的土地，通过辛勤劳作来改变自己的命运，而不再是替领主打工。他们建立了新的村庄和城镇，其中一些成为军事要塞，还有一些成为市场中心。同时，为了扩大耕地，他们花费了大量资金来开垦沼泽地和森林。他们最大的贡献之一是引入了三田制，取代了传统的两田制。在新的制度下，休耕的可耕地数量变为1/3，而不是原来的1/2。

14世纪初，瘟疫肆虐、战火纷飞影响了欧洲大多数地区的人口增长。据说，仅德国就失去了20%~30%的人口。移民不再东迁，新开垦的土地再次成为荒地。唯一没有受到影响的是在此前两个世纪兴起的商业和贸易萌芽。尽管一些小村庄和城镇被废弃了，但是大的商业城市中心几乎未受影响。死去的商人留下的市场份额迅速被新的商人接手。

商业中心日益重要、城镇人口数量不断增加的原因有很多。其中最重要的是德国地处欧洲中部，这让它成为南北或者东西向贸易的关键纽带。波罗的海的咸鱼和琥珀在欧洲南部市场上格外抢手，东方的丝绸和香料在北部市场上也备受推崇。第二个重要的原因是14世纪瘟疫结束后，由于重建需求和制造业荒废，德国原材料和制成品的市场需求剧增。德国木工和石匠在国际市场上很活跃，他们的技艺在建造欧洲教堂时尤为重要。曾有学者将他们的重要性描述如下：

> 在工商业方面，14世纪时，瘟疫带来的消极影响被德国地理位置的优势抵消。从14世纪末开始，内陆长途运输的发展使越来越多的东欧国家开始与欧洲进行贸易。东欧的大量食物和原材料资源供给了德国，弥补了其由于黑死病造成的农业损失。贸易带来的产品需求也刺激了德国新手工艺品和工业的迅猛发展。同时，新的矿产资源被开采，高技艺的金属工艺品也随之兴盛。此外，德国仍然是英格兰和北至斯堪的纳维亚国家、南至意大利的贸易中心。

汉萨同盟

在1500年之前的一个半世纪，北欧出现了高度集中的商业力量，这种权力由汉萨同盟掌握。汉萨同盟是一个松散的联盟，由70个贸易型城镇和城市组成，还有100~150个小城镇也是联盟成员。到14世纪中叶，这个城市联盟从俄罗斯穿过波兰北部、德国、丹麦和苏格兰低地，延伸到波罗的海两岸。同盟成员涵盖了当时国外的主要贸易中心，包括卑尔根（挪威）、斯德哥尔摩、伦敦、布鲁格、里加、吕贝克、汉堡、安特卫普、根特和俄罗斯的诺夫哥罗德。

汉萨同盟是由从事国际贸易的私营商人协会发展而来的,它仍然是独立的德国企业的卡特尔。最初它的目的是保护交易双方的利益和市场。不久,城镇作为成员也加入了汉萨同盟。同盟的目的也扩大至在竞争中为成员获得并保持特有的、通常是垄断的贸易权利。成员特权包括成员城市间享有低国内关税,以及在可能的情况下,成员城市间享有特惠待遇。

成员城市保持独立,同盟从未雇用过永久的外交人员或军队,也没有共同的资金,而是通过征收特殊税费用以专项支出,如雇用军队或船只防御海盗侵扰。同盟最初的优势集中在两个方面:一是对波罗的海和北海的渔业生产的控制;二是对布列塔尼地区干燥区域内生产盐的控制。欧洲天主教在宗教节日时对盐渍鲱鱼和鳕鱼的需求巨大。此外,同盟还控制着斯堪的纳维亚和俄罗斯的松脂产品(沥青、焦油、蜡、松脂等)、皮草、琥珀、锡、铜、亚麻、菘蓝和茜草(纺织染料中作为颜色来源的植物)。15世纪,随着英国羊毛和佛兰芒羊毛贸易占据了市场,同盟可获得的财富大大削减。然而,由于16世纪南北贸易转向了东西贸易,汉萨同盟的经济实力迅速衰败。

农业的重要性

这一时期,农业仍然是商业和贸易的基础,其次是采矿业。正因如此,14世纪和15世纪,由于农业遭到严重破坏,德国的经济受到了沉重的打击。大量农田被荒废。同时,约1/3的人口死亡,粮食需求锐减。

粮食价格的下跌对农业经济造成了深远影响。有些耕地被荒草覆盖,有些耕地再度成为林地。在其他地方,肥沃的土地上种植了一些特殊作物,如菘蓝、茜草、亚麻、葡萄和水果。

正是由于农业和畜牧业出现的新变化和发展,农牧产品的富足促进了下一个世纪的人口增长,同时工业所需农产品的增长也带动了相关工业活动的发展,可以说农业经济的发展帮助德国经济走出了泥潭。在这一时期,最早被用来交易的产品都是农业产品,如葡萄酒、肉类、乳制品、水果和坚果等。

14 世纪初,农业基本从封建时代自给自足的庄园体制转向了为越来越重要的城镇大规模生产原材料和食物。过去的小庄园群落逐渐被白袍僧侣或者贵族控制的大庄园替代。14 世纪中叶,集约化农业取代了旧的农业生产模式,许多田地处于休耕状态。城镇对肉类、乳制品和兽皮的大量需求使畜牧业蓬勃发展,而畜牧业饲养动物的粪便又为集约化农业提供了肥料。由于农业从维持生计向商业化转变,作物区域化特征明显,有些地区集中发展畜牧业,有些地区种植粮食,还有一些地区则种植经济作物,如菘蓝和茜草。

这一时期另一个显著的特点就是土地所有者越来越热衷于参与商业活动,他们要么直接从事贸易活动,要么对商业活动进行投资,不断积累的财富为投资提供了基础。富裕的土地所有者投资或自己参与商业活动。许多人为了经营生意离开庄园,将土地租出去,搬到城镇里生活。因此,地租收入成为下个世纪中更大规模商业资本的主要来源。

除了地租为城镇经济发展做出的资金贡献外,城镇收入还来自两个方面,即贸易和小规模制造业。其他收入来源包括教会、当地政府和贵族购买商品和服务。尽管这一时期的制造业规模较小,但其对城镇成长和发展至关重要。

早期工业发展中形成了小型企业。每家企业的收入可能只够养活一两个家庭,其模式是典型的家庭包工制。企业家可以提供工人,工人们自备工具、原材料或半成品进行加工。生产过程中的每一个环节都由单独作业的工人负责,他们最终加入行会,互相协助作业。以服装产业为例,纺纱工与织工、织工与漂洗工、漂洗工与熨烫工、批发商和零售商都是各干各的。尽管一些行业需要投资,如缩密作业(羊毛产品的收缩和填绒)和盐腌制行业,但是所需资金较少,而且通常工人们还会自备工具。

结　语

德国是什么？德国人是谁？德国文化是什么？几十年来，这些问题一直困扰着学者和政治家。其原因包括现代德意志国家建立相对较晚（1871年），对欧洲德国地区的居民的民族性基础认识有分歧，尤其是其自我界定和排外主义。

德国位于欧洲大陆中部，北起波罗的海和北海，南至阿尔卑斯山（历史上其疆界最南端曾几次延伸至地中海）。德国领土包括北部海岸地势低平的沙地，向南穿越一系列低山和次级山脉，形成一条穿越中心地带的宽阔地带，到达与阿尔卑斯山融为一体的山脉。德国人是日耳曼人、凯尔特人、斯拉夫人和罗马人的混合体。更重要的是，德国人包括了所有自我定义为德国人的人群。地理位置和部落势力的综合效应影响了该地区的民族性，并促成了德国文化的形成。对祖国的责任，对文化的忠诚，以及在德国历史上长期封建主义影响下形成的对权威的遵从常被用来描述德国特征。19世纪前，由于各种势力体系的作用，德国曾一度分裂。在鼎盛时期，德国境内约有1789个独立的主权国家。因此，组成今天德意志联邦的16个州仍提出保有独立性。

德国向现代统一国家的演变经历了三个时间长短不同的时期。第一个时期是在莱姆防线后方的德国南部部落的松散联合体。第二个时期是公元800年左右查理曼大帝努力促成的德意志统一，这为神圣罗马帝国和首个德意志国家的建立奠定了基础。第三个时期是12世纪至13世纪，过剩的人口迁移到易北河东岸，德国全国范围内经历了城镇化之路。在这一时期的初期，德国社会仍受封建传统和农业经济的支配。到最后，德国已经朝一个生机勃勃的资本主义社会方向发展，文化和经济活动的中心从城堡和修道院转移到了城镇。尤其在北部地区，莱茵河和塞纳河沿岸和内陆水域，贸易、商业、工业、银行、通信机构繁荣发展。随后，由于一系列灾难与战争的破坏，以及随之而来的国家分裂，这一欣欣向荣的发展趋势被打断。此后，又过了500年左右，德国才恢复了原来的发展趋势。

第6章

现代以前的德国商业（1350—1800）

德国商业史从中世纪中期到现代大体上可以划分为三个不同的时期，每个时期约 150 年。表 6-1 反映了每个时期的特征。

第一个时期从 1350 年到 1500 年，大致与封建制度结束和第一座大型城镇的建设时间吻合。

第二个时期从 1500 年到 1650 年。这个时期一般被视为中世纪与近代早期的过渡期。这个时期最主要的特点是改革，它结束了基督教统一欧洲的历史，并且经历了长达 30 年的战乱。这个时期发生了严重的经济萧条、战争和瘟疫，由神圣罗马帝国代表的统一力量也在这一时期土崩瓦解。战争和疾病导致了德国 20%~30% 的人口死亡，城镇失去自由，政治分裂达到顶点，汉萨同盟失去了以往的地位。在这次欧洲战乱中，有 300 万~750 万人死亡，大部分都是德国人。

第三个时期从 1650 年到 1800 年，是德国商业史的近代早期。最重要的是，这个时期经济停滞，主要是缓慢重建和恢复在三十年战争期间被破坏的社会和基础设施。由于前 50 年的灾难，德国的经济又几乎完全退回到农业经济。这个时期长达 200 年，直到英国、比利时和美国开始工业化道路进程近百年以后才结束。在所有的强国中,只有日本开始工业化进程的时间最晚。这一章主要关注形成和塑造现代以前德国商业体系的社会和文化因素。

表6–1　现代以前的德国商业及贸易特点

阶段		
中世纪晚期（1350—1500）	中世纪到近代早期的过渡期（1500—1650）	现代以前、工业化前的时期（1650—1800）
庄园制度结束,贸易减少以及早期工业化;超过80%的经济是农业	改革以及封建制度的衰落;经济发展停滞	自给自足的农耕转变为经济农业和家庭式制造业
修建一些城镇建筑,如贸易中心,饥荒和瘟疫的幸存者迁入城镇	由于贸易从北向南迁移,汉萨同盟衰败	缓慢重建在战争中损坏的设施
自给自足的农耕起主导作用	农民战争;城镇和农场被废弃	由于商品集市重要性的增加,家庭式纺织加工中心增加
缓慢复苏,人口在1360年以后增长	瘟疫、冲突和经济紧缩	经济缓慢增长的同时强调农业经济;谷物是主要农作物
技工和手艺人占据早期城镇	城镇人口减少	由于城镇独立,政局发生变革
封建制度的衰落	三十年战争（1618—1648）	东部大量谷物种植带来新的农奴制
羊毛制品成为主要贸易商品	购买力下降结束了羊毛贸易的主导地位	亚麻和棉花贸易代替了羊毛贸易
德国领土在神圣罗马帝国时期被不同的国王和宗教团体统治	勃兰登堡霍亨索伦王室（德国普鲁士王室,1701—1918）在普鲁士加强统治	腓特烈大帝（普鲁士国王）继位使普鲁士获得了权力以及领导地位

—— 中世纪的商业与贸易 ——

中世纪晚期,德国农业经济遭受了一系列打击:1315年至1317年经历了两年饥荒；14世纪中叶，瘟疫又接踵而至。13世纪后期，温暖干燥的气候有助于谷物的生长，从而使谷物获得了大丰收，越来越多的边缘土地被用来种植谷物。欧洲人口的增长导致对服务的需求增加，然而1300年后，气候变得寒冷潮湿，导致谷物产量减少。到1315年，土地已潮湿得无法犁耕，即便播种成功，种子也会烂在土里。农民以谷物种子以及野草和树皮为食，家里的老人停止进食才能保证有足够的食物养育孩子。1315—1317年的大饥荒导致成千上万人死亡。

稳定的农作物产量对经济发展至关重要，对此，乐高夫的解释如下：

> 中世纪时，土地和农业经济是非常重要的基础以及物质文明的核心。万物都以它为基本条件，包括财富、社会和政治权利。然而，土地在中世纪时相对低产，因此人们很难从土地中有所收获……一是工具比较简陋，二是土地条件不好，三是耕地深度不够。古代摆杆步犁本来只适用于地中海地区的浅层土壤和丘陵地带，却在很多地方被长时间滥用……土地普遍一年三翻，到了13世纪和14世纪，一年四翻也很常见。这导致土地愈加贫瘠，难以耕种。

第一场最具毁灭性的瘟疫结束于1351年，但是第二场瘟疫又在1365年开始。随后又发生了几场瘟疫，但都没有第一场强烈。当瘟疫最终不再肆虐后，一大波致命的伤寒症、斑疹伤寒、霍乱又汹汹来袭。到1370年，德国人口减少了1/3，从原来的1100万～1400万减少至700万～1000万。

由于农场劳动力大量减少，许多耕地被废弃或变成草场、森林。除了西北部地区，很少有农民拥有自己的土地和村舍。更重要的是，这些荒废区域并不是均匀分布的，许多地方只是被轻微影响。在一些受到疾病重创的地区，整个村庄或城镇都成了无人区，有的人死于瘟疫，有的人搬迁到了似乎更安全的地方。以1937年德国领土范围进行估算，罗塞纳（Rösener）发现，在1300年存在约17 000个居民点，到14世纪末仅剩约13 000个。

农业的转变

人口减少导致了谷物价格的降低。谷物价格降低和农场劳动力减少导致了租地的人减少。许多地主将他们的谷物用地用于种植特色作物，如植物性染料或亚麻，或变成草场或林场，这些举措进一步减少了食物供应，却意外促进了现金经济的发展。羊毛和亚麻的贸易增长需要有可靠的染料供应。畜牧业的发展也带来了一些好处。由于出现了更多的草场，牧民可以饲养更多的牛和羊，这些牛和羊可以为农民和城镇居民提供更多的肉类。更多的牛意味着能为集约耕作提供更多的有机肥料。作物的根，如甜菜根和芜菁块根，可以给人类和动物提供冬天的食物。土地用途也出现了一些变化，如人们会在主河道斜坡上种植葡萄，在一些不适合谷物生长的土地上建造果园和种植啤酒花。

德国农民不仅遭受了连年粮食产量减少导致的饥荒，而且要与恶劣多变的天气抗争，从事繁重的体力劳动，忍受着瘟疫和其他传染病，同时还要受农奴制的压迫，为只关心租金的地主所掌控。这导致在中世纪晚期，农民开始逐渐向城市迁移，在一些早期纺织业和采矿业工作。地主从种植粮食转为种植经济作物，同时接管了荒废的土地，扩大了自己的土地所有量。到16世纪，农业很快转变为农业综合企业；人口又开始增长，在1560年达到1400万，在17世纪早期则达到了1700万。

—过渡阶段的商业（1500—1650）—

从1500年开始，德国的商业、贸易、制造业和采矿业变得越来越重要。同时，帝国统治力量的持续衰落、周期性的萧条和掠夺以及教皇权威的削弱导致德国各州发生了革命性变化。它始于一系列农民起义，以宗教改革告终。宗教改革永远改变了欧洲。马丁·路德攻击教会所释放的变革力量最终终结了旧的封建观念和传统。在接下来的几个世纪里，德国因一次次冲突和一系列灾难而受到重创，但这也推动了国家观念的进一步发展，使德国成为欧洲走向民族国家的少数几个特例之一。

尽管仍以农业为主，但到了中世纪晚期，德国各地区之间的经济已有了很大的不同。在北部城邦，大农场和地产为日耳曼骑士和教会所私有，他们生产谷物，并将大量剩余谷物通过波罗的海出口。为了应对农工紧缺问题，地主们重申了他们的权利，并重新制定了更加严苛的农奴政策。相比之下，南方地主没有北方地主严苛，他们给了农民一些管理权。这些农民种植染料类植物和啤酒花等经济作物，并将他们的盈余通过当地集市和城镇市场销售出去。在某些地方，一些自由的农民可以从地主那里租赁小型农场。地主通过提升租金来增加收入，同时限制农民开辟河滩和森林等免费土地。总之，农奴制、土地租金的增长、农产品价格的降低和对免费开发土地权利的限制致使农民发动了骚乱，最终在1524—1525年发生了农民战争。

始于15世纪中期并延续到16世纪的一系列农民反抗运动是血腥的阶级战争，包括反抗教会的过分行为。德国全境的农民奋起反抗教会和君主统治。只有巴伐利亚农民的反抗比较少。这些伟大的农民起义深深地影响了当时的政治、经济、社会和宗教的发展。在顶峰时期，有30万人参与了起义，其中1/3的人献出了自己的生命。这是德国历史上最大的一次反抗领主和君主的起义。最初几个月的活动是非暴力的，主要是为了获得有约束力的谈判或法律允许的大规模抗议活动。问题主要集中在农奴制带来的沉重负担，还包括打猎、渔业、木材以及土地水域的共有权问题。这些抗议活动被贵族和教会血腥镇压，农民几乎没有得到任何好处。

在很大程度上，镇压农民战争其实是德国传统骑士阶层的最后一次挣扎。战争方式的改变使古老的骑士制度变得多余。普通士兵可以轻松地操纵大炮，重骑兵部队已无用武之地。骑士们无法维持生计，很多转行做了强盗和小偷，这给农村的安全带来了巨大的隐患。与此同时，也有骑士转行做了企业家。

路德与教会改革

马丁·路德出生于1483年，当时德国正处于社会大萧条的顶峰期，他很快成为整个社会的焦点。他在短时间内聚集了全国的反抗力量，因此被梅尔（Maehl）评价为"一千年来最成功的异教徒"。路德是一个具有神圣使命感的伟大领袖，他认为人类不能通过赎罪或行善而获得救赎，只能通过绝对信任基督教才能获得真正的救赎。

16世纪初，德国民众对教会的怨恨和嫉妒越来越强烈。在宗教改革前，德国教会是整个欧洲最有钱的教会。1500年，它们以多种形式拥有超过德国领土1/3的土地，并掌握了差不多一半的国家财富。这些财富和特权掌握在大主教、主教、修道院院长和高级教士手中。他们和世俗统治者拥有相当的权力。许多教会的领导者也是贵族成员，他们与该群体有着共同的利益和关注点。相比于一般贵族，教会更有组织性，也更团结，它的影响渗透到了人们生活的方方面面。这种权力只会招致德国普通民众的批判和怨恨，无尽的财富也只会让那些手头拮据的贵族心生嫉妒。

对教会的批判集中在教士滥用特权、生活糜烂，许多神职人员愚昧无知以及教皇权利等问题。路德向教会权威、特权宣战，并在1521年被逐出教会。他的反抗行为并没有因为被逐出教会而停止。借助新兴印刷术的力量，路德批判教会的言论很快传遍了德国、瑞士、波希米亚和匈牙利，并很快传播到欧洲各地。德国的北部城市积极接受了路德的观点。宗教改革在19世纪中期结束，尽管其影响持续了很长时间。在16世纪70年代这场革命的鼎盛时期，70%的德国人成了新教徒，他们之中大多数人都是路德教徒。

16世纪的商业

16世纪的德国商业，小成功和大失败并存。在16世纪初，德国是欧洲最富有的国家之一。这些财富来自当时4000个德国城镇的商业活动。大多数城镇的规模不大，人口都少于 2000 人，只有 18 个城镇的人口在 10 000 人以上。其中，只有 10 个城市的人口超过了 20 000 人。拥有 50 000 人口的科隆是德国最大的城市。

德国的城镇比较拥挤，不利于形成贸易、制造业和文化中心。这些城镇被高墙和护城河包围着，安全的环境吸引着各地心怀不满、勇于冒险的农民。人口的增长导致了城镇过度拥挤。德国人口从 1340 年的 1100 万到 1400 万减少至 1470 年的 700 万到 1000 万，在 16 世纪中期又重新回到 1400 万，于 1618 年达到 1700 万。新大陆的白银制品流入欧洲，导致了通货膨胀，物价飞涨，而工资却跟不上物价的上涨速度。

心生不满的德国民众发动了一系列起义。尽管他们摧毁了大量固定资产和基础设施，但影响远不及之前的瘟疫。随之而来的是普遍的经济衰退。

虽然 16 世纪的农业经济因人口的强劲增长而有所复苏，但从农民战争时期开始的工商业经济衰退仍在持续。商业在大萧条中遭到了严重打击。以奥格斯堡为例，它是德国早期矿业和金属工业的中心。1550 年到 1570 年的 20 年里，有 70 多家大型企业宣告破产。由于欧洲各国的国王拖欠贷款，奥格斯堡许多银行损失惨重。16 世纪前半叶，德国南部受益于商业银行家们的活动，十分繁荣。但到了 1550 年以后，那里也遭遇了大萧条和衰退。战争导致莱茵河交通中断，阻断了这些财富所依赖的南北贸易。

整个 16 世纪，汉萨同盟对德国经济的影响持续下降。然而，汉堡是一个例外，来自欧洲其他地方的移民使这座城市变得更加繁荣。汉堡成为北欧啤酒业、银行业和造船业的发源地，同时也是佛兰德斯和低地地区的国际商业中心。1619 年，以阿姆斯特丹银行为原型建立的汉堡银行成立，在之后的几个世纪里，它一直在汉堡国际贸易中扮演着重要角色。

汉萨经济的持续增长在很大程度上是基于持续存在的贸易活动。除了在汉堡发展的商业活动，德国商人还在伦敦、布鲁日、安特卫普、科隆、法兰克福、纽伦堡、里加等重要的国际贸易中心定居。许多早期的德国商行成为重要的承运商和贸易商，经营着谷物、鱼类、盐、葡萄酒、乳制品、水果、干果、蜂蜡、蜂蜜、木材和皮革等商品，同时也经营羊毛和亚麻以及铜、银等德国的传统产品。

17世纪的变化

德国在17世纪上半叶遭受了一系列危机。这些危机开始于三十年战争（1618—1648）。这些血腥的冲突几乎发生在曾经属于神圣罗马帝国的所有土地上，尽管大部分破坏发生在北部和西部。但莱茵河沿岸地区以及从北到南的主要贸易和运输路线都遭到了严重的破坏。整整一代人生活在战争、抢劫和肆意破坏中。许多村镇被完全毁掉，一些大的城镇被洗劫数次。大部分地区的死亡人数超过了50%，一些地方甚至超过70%。战争之初，德国人口大约为1800万，到1650年，人口下降到1000万~1100万之间。

战争对经济、宗教和政治产生了很大的影响。在经济上，战争使德国成了欧洲最贫穷的国家，且这个状态一直持续到19世纪。欣欣向荣的商业活动和制造业几乎消失殆尽，经济重新开始依赖农业。土地所有权再次成为财富和威望的重要来源。地主们将废弃的土地收归己有，同时从农民那里收回土地，大多数农民再次沦为农奴。

政治的动荡加剧了对经济的影响。尽管商业没有完全消失，毕竟食物、武器和其他军事供应必须得到保障，但到1650年，贸易量骤降。由于战争和疾病，德国一些大城镇失去了1/3的人口，幸存下来的人发现他们通过几个世纪的努力所获得的权利和独立性已然丧失，他们不得不再次屈服于地方的领主。受打击最严重的是加入汉萨同盟的城镇，由于战争导致购买力下降，它们失去了建立在南北贸易基础上的财富。同时，大量欧洲内部贸易也正在被新大陆与欧洲之间的贸易所取代。

天主教会的衰落态势在16世纪的最后25年和17世纪上半叶被逆转。三十年战争让教会在德国许多地方重新获得了地位。在顶峰时，有70%的德国人口在新教徒控制之中。1648年的《威斯特伐利亚和约》（Peace of Westphalia）将德国一分为二，北部地区是新教徒的控制区域，而南部地区又回到了天主教徒的控制之中。这样的划分并不是非常准确，因为莱茵兰北部部分地区仍由天主教控制，同时在一段时间内，德国南部也存在着一些新教控制区。

—前现代化时期的商业（1650—1800）—

如果说16世纪是一个成败参半的时期，那么17世纪则是德国几乎陷于停滞的时期。三十年战争浪费了这个世纪的前半叶，使欧洲大部分国家的经济陷入瘫痪。这段时间，德国人的生活相当艰辛，战争冲突留下了大量的尸体和废墟。三十年战争结束后，德国原有的大部分商业和贸易中心经历了一个半世纪的经济和政治衰落，仅但泽、汉堡和纽伦堡等少数城市幸免于难。但泽是波罗的海和普鲁士的农产品与西方制成品的重要贸易中心，同时也是西里西亚的亚麻、羊毛贸易中心。由于新型制造业的兴起和受西班牙与波罗的海的中转贸易的影响，汉堡维持着自己的重要地位，之后汉堡又成为与法国和英国的贸易中心。纽伦堡一直是亚麻以及德国南部矿产和金属业的配送中心。

纵观整个欧洲，15世纪到16世纪是各国政治走向巩固的时期，只有德国和意大利一直处在分裂状态。直到拿破仑时期，德国仍被各自独立的君主和教会所统治。这时的德国仅仅是一片拥有相同的语言和历史的区域。这个时期，德国和意大利只是地名，而非完整的国家。

1650年至1800年这150年里，德国将所有精力都转向了国内。数百个小城邦的统治者注重强化对民众的专制统治。这是专制时代的开始，它对经济和政治的影响一直持续到1945年。专制统治以罗马法律为基准，统治者拥有所有法律的执行权，其他机构或个人无权干涉。中世纪的德国法律规定，贵族、教会和王国各阶层共同分享统治权力。在

1648年《威斯特伐利亚和约》生效后,领主的权力变得越来越大,特别是哈布斯堡王室和霍亨索伦王室。

1650年以后的工商业

1650年以后,德国的工商业发展可以划分为三个阶段。第一个阶段从1650年到1715年。这个时期主要是重建三十年战争破坏的设施,以及恢复人口和经济。领主在这个时期强化自己的统治权力,并开始发展经济。

第二个阶段是巩固时期,从1715年到18世纪40年代。这一时期,德国大部分城邦经济和人口增长缓慢。工资保持相对稳定,且粮食价格维持着低水平,因此民众的生活水平有了很大的改善。第三个阶段是从1750年直到法国大革命和拿破仑统治整个西欧大陆。在这个时期,经济飞速发展,主要是因为许多新技术和生产方式的出现、工会力量的衰落以及国外的新技术提高了农业和制造业的生产力。人口加速增长,特别是在普鲁士地区,那里接收了上千名来自法国、奥地利、荷兰和德国南部的新教徒。前工业发展的三个阶段与德国商业主义早期、中期和末期阶段相吻合,又被称为重商主义经济。

德国重商主义政策

从16世纪到18世纪,欧洲普遍推行重商主义政策,这种经济理论认为,一个国家的经济活动的主要目标是消耗竞争者的实力,以提升国家实力。以下是重商主义的准则:

- 贵金属是衡量财富的唯一标准;
- 对外贸易必须保持顺差,以保证贵金属流入;
- 严格控制进口,以确保本国工业发展;
- 提高关税,进一步保护本国工业,并限制对进口奢侈品的需求;
- 占领殖民地,为国家提供原材料,并使其成为出口制造业产品的垄断市场。

16世纪，重商主义是德国发展起来的，"重商主义"这个词来源于德语中的"议院"（Chamber）一词。在议院，一批贵族和富商定期会面，商谈领地统治，包括经济增长和国家财政等事宜。国家首先需要资金用于战后重建，然后要支持护卫军发展。重商主义的准则是一切经济活动都是为了获取财富。国家参与工业活动，包括向企业提供贷款和其他激励措施、发展科学和职业培训，以及推动国有矿产、农场和工厂的发展。重商主义经济是德国经济政策的重要组成部分，最终成为德国大学中的一门学科——政治经济学。

推行重商主义对德国有三大好处。第一，大量的收入被用来投资项目，改善了国家经济状况，这种情况在德国较强大的邦国尤为明显，如勃兰登堡/普鲁士、萨克森、汉诺威。第二，通过建设公共建筑、公园、宫殿、道路、运河以及其他一些基础设施，筹集的资金大部分都重新用于经济。第三，常备军的增长不仅缓和了平民和贵族阶级的失业问题，而且军队购买设备、食品和给养还使当地商人和承包商受益。

从另一个角度来说，统治者需要大量收入来应付这些开支，从而加速了税收、财政、管理等方面的变革。在一些邦国，如勃兰登堡/普鲁士，出现了更高效、更诚信的官僚。但不是德国所有地方的改革都这么成功，勃兰登堡/普鲁士的改革效果最好，奥地利效果最差。

腓特烈·威廉：勃兰登堡的选帝侯

勃兰登堡/普鲁士经济和政治的快速发展始于1640年腓特烈·威廉登基。腓特烈是一个真正的专制统治者，他对军事、城市和经济有最终的决定权。他谨慎地给予企业家一些权利，极力限制进口，并垄断了一些工业，从而促成了早期的经济复苏。通过宗教宽容和经济激励政策，他鼓励民众向被战争破坏的地区移民。普鲁士工业化促进了城市化进程，因为农民开始转向薪水更高的工业行业工作。

移民（如胡格诺派）带来的新的制造业技术、农业种植技术的改进、完整的直接和间接税收制度的引入以及国家垄断，使腓特烈建立了永久性军队。到1688年他去世时，普鲁士军队的人数从11 000人发展到了30 000多人。腓特烈·威廉的儿子腓特烈三世（1688—1713年在位）延续了这些政策，并实行更严厉的专制统治。他推行了一系列改革和经济政策，由此产生足够的收入来扩充常备军的规模，军队的人数从30 000增加到了40 000。尽管他的花销很大，还参与了几场战争，但还是给国家财政留下了很多盈余。

腓特烈三世之后是"士兵王"腓特烈·威廉一世，他于1713年至1740年在位。他致力于军队发展，将军队规模扩充到76 000人，同时减少了王室的铺张浪费，他的政府工作人员是整个欧洲最辛苦且收入最少的。在他去世时，他的政府已经完全摆脱了债务，而且国库还有800万泰勒银币（德国的旧银币名）的盈余。他的领土是德国各州中最繁荣的。他是第一个推行义务基础教育的现代统治者，他颁布法令，让男孩和女孩上学到12岁。他的儿子腓特烈二世（又称腓特烈大帝）统治普鲁士一直到1786年。

前现代时期末期

前现代时期的最后50年与腓特烈大帝的统治时间相吻合。腓特烈大帝的伟大之处在于他的政策旨在改变普通人的命运。他成功地撼动了奥地利的统治地位，尽管他继续实行亲军政策，而且参与了几场花费巨大的战争。在他的领导下，普鲁士成为欧洲大陆上最强大的国家。人口持续增长，国库财产持续增加。他改革了惩罚机制，并废除了酷刑。他将教育放到首位，并且建立了多所大学。到1786年他去世时，普鲁士已经成为世界五大强国之一。

普鲁士的经济情况

在腓特烈大帝统治期间，整个欧洲的经济状况有了很大的改善。英国工业革命为比利时、法国、荷兰和莱茵地区带来了大量投资。腓特烈政府积极地参与国内经济，垄断了冶金、纺织、丝绸、糖、盐、咖啡、烟草、陶瓷、保险以及一些对外贸易。他们修路、造船并开凿运河，建立银行信贷和清算机制，同时又制订了新的土地和森林保护计划。他们通过控制进出口和收购储备农产品盈余，维持了食品价格的稳定，为防范饥荒做足准备。

重商主义政策可以有效地增加国家收入，其在勃兰登堡的发展比在奥地利的发展要成功。奥地利被迫依靠其传统的收入来源，包括国王土地、通行费、国家垄断、消费税和贡献的地产（城镇、教会和贵族），这些收入少于预期，而且代价高昂。

巴伐利亚的经济仍以农业为主，农业提供的收入足以支持这个温和的政府，只要它不参与军事活动或政治冒险。由于几位领导者挥霍无度，政府在 1745 年几乎破产。最终，政府开始削减开支并重组，恢复了偿付能力。巴伐利亚政府的收入来源非常复杂：有一半的可耕种土地由免税的教堂、修道院持有。1650 年以后，萨克森的经济由于出产高质量手工产品而实现了蓬勃发展，俄国、英格兰和欧洲其他国家对这些手工产品都有很大的需求。

结　语

从 1350 年到 1800 年的 450 年里，德国和欧洲其他许多国家都发生了一系列变革。变革的开端是一系列瘟疫导致的庄园封建制度的崩溃。大灾之后的 150 年，被摧毁的经济需要恢复。

许多重要的商业发明出现在这个时期，使有利可图的长途贸易成为可能。发明首先出现在意大利商人中，包括银行、联合经营、保险和会计。这些发明传到阿尔卑斯山以北以后，波罗的海和北海沿岸有 100 多个城镇为实现相互保护和贸易增长走到了一起。汉萨同盟主导了盐、鲱鱼、鳕鱼、英格兰羊毛和佛兰芒毛料、俄国皮毛和松脂制品、琥珀以及其他一些商品的贸易。16世纪，由于贸易从南北贸易转向东西（包括与海外殖民地的）贸易，汉萨同盟的重要性逐渐降低。在城镇化过程中，行会开始控制制造业和商业。

这一时期第二个阶段的特征是宗教争议带来了巨大的社会动荡。改革与否成为争论的焦点。这个时期大致以三十年战争的结束而告终。这场战争永久地改变了德国的面貌，摧毁了德意志帝国建立以来宗教统一的局面，导致了德国专制主义的开始。

第三个阶段从三十年战争结束到现代时期开始。重商主义专制统治扩散到整个德国，在这种制度下，国家发展经济的唯一目的是为国家提供最大化的收入。这个阶段，欧洲普遍推行重商主义，使之成为主导性经济政策。领主提高了关税，制定了货物税和进口控制规则，建立了官僚机构来管理税收，还建立了永久的常备军队并支持工业发展，以促进出口贸易。

到这个阶段结束时，重商主义专制体制取得了一些值得称赞的成就：至少较大的国家实现了财政稳定；建立了诚信高效的官僚机构；改善了领土安全；推行了法制改革和规范化；减少了内部收费；统一了度量衡和货币；建立了邮政和其他公共服务；推行了义务基础教育。

德国各邦国的经济开始变为混合型经济，私营与公有企业并存。增长的资本为新的制造业提供了必需的资金。政府帮助建立银行，并成为新的合资企业的部分拥有者。此时，德国经济整体上仍由农业主导。大约一个世纪之后，德国各邦国才效仿英国开启了工业化进程，但它首先必须变成一个完整的国家。

第7章

德国统一后的工商业（1871—1914）

19世纪有时候被称为"漫长的19世纪"，它的开端与结束都有标志性的历史事件。它以1789年5月攻占巴士底狱和法国大革命爆发而突然开始，结束于1914年第一次世界大战爆发。这个时代开始时，如今我们所熟知的德国还不存在，它仍由大大小小的公国和自由城市组成。当这一时期结束时，一个完全统一的德国认为自己已经强大到足以在第一次真正的现代工业化战争中挑战欧洲大部分地区。

在漫长的19世纪，德国的商业史主要由三个中心主题构成：（1）革命和复兴；（2）民族主义；（3）工业化。接下来，我们将逐一探讨每一个主题。这段时期最重要的事件就是普鲁士领导下德国的统一。

早在19世纪70年代之前，民族主义运动已经存在于德国独立的各个邦国，但是奥地利和普鲁士之间争夺领导权的冲突阻碍了国家的统一。直到普鲁士军队在西里西亚平原击败奥地利军队，以及1870年普鲁士对法国取得决定性的胜利之后，国家才得以统一。当然，在统一之前，德国的工业化已经进行了一段时间，但都是零敲碎打，缺乏整体的方向或规划。德国统一后，在普鲁士的领导下，工业化进程迅速推进。

在这个时期，欧洲发生了一系列革命事件，推动了欧洲大部分地区的经济和商业体系发生改变。

— 推动变革 —

18世纪末到19世纪初，两个关键性革命事件彻底改变了欧洲社会。第一个事件是法国大革命。它不仅改变了人民和政府之间的互动方式，而且重构了欧洲的政治面貌。第二个事件实质上发生在经济层面，它改变了物质的生产方式和人们的生活方式，这就是1780年左右开始的英国工业革命。英国的经济史学家艾瑞克·霍布斯鲍姆（Eric Hobsbawm）将这两起革命结合产生的影响称作资本主义工业的一场胜利，同时也标志着中产阶级、极具创业精神的社会的出现。

18世纪末和19世纪初，法国是欧洲大陆最强大以及工业化程度最高的国家，仅次于英国。在拿破仑统治时期，法国几乎在与全欧洲开战。此时的德国经济仍然以农业为主，既从法国的军事扩张中获益，同时又饱受伤害。法国大革命直接和间接地影响了德国的各个邦国。

莱茵河沿岸地区首先受益于法国军事上的胜利。19世纪的大部分时间里，普鲁士和奥地利一直在争夺德国的领导权。但在19世纪初，拿破仑建立了莱茵邦联，作为法国和德国之间的缓冲地带。这一邦联占据着重要的地理和战略位置，只要能向法国销售商品，这个邦联的商业和农业就能繁荣。直到滑铁卢战役之后，至少在经济上，它的存在威胁到了普鲁士和奥地利的领导地位。

法国大革命及其后续影响给德国带来了很多好处。第一，它终结了除德国东部地区以外的几乎所有土地上的农奴制。第二，它将许多较小的、经济弱的州和公国合并成更大的、更合理的联合体。第三，通过引入拿破仑法典，在德国多个邦国建立了一个共同的商法体系。第四，通过直接和间接的方式，为德国许多农场以及新工厂提供了市场。直接的方式是销售给消费者，间接的方式就是建立大陆体系（在欧洲大陆抵制英国货物）。随着英国货物越来越难以获得，德国的生产者被迫投资新型的现代化生产设备，以满足欧洲大陆的需求。因此，德国的钢铁和纺织业受益良多，为滑铁卢战役后德国的迅速发展做好了准备。第五，被法国占领的州建立了诚实有效的官僚体系，极大地提高了当地政府的效率。此外，莱茵河水系的通行费和关税更加合理化，依靠水运体系，大部分德产货物都能够被运送到市场。随着19世纪30年代北方德意志关税同盟成立，德国货物的价格更加合理，由此促进了更多的内部贸易，从而确保了更高的经济效率。德意志关税同盟采用一个普遍的外部关税，消除或极大地降低了联盟内部关税。

在拿破仑完全战败之前，德国的各个邦国几乎没有受到工业革命的直接影响。那时候，德国的制成品几乎不参与任何国际贸易。德国的贸易仍然停留在与汉萨同盟鼎盛时期相似的水平。谷物、牲畜和其他农产品以及德国的森林和煤等产品在德国的外贸中占据主导地位，一些高价值的制成品，如啤酒、白酒、纺织品以及刀具等只占全部贸易的一小部分。

1795—1815年的拿破仑战争既为德国制造业的进一步发展提供了动力，也提供了目标。法国仍然是德国农业产品和一些制成品的稳定消费市场。然而，德国的部分邦国时不时地会因为反对拿破仑残酷的和平解决方案而发动战争。从外部看，英国的封锁有效切断了德国获得国外市场以及新的工业技术的途径。而且，德国的生产领地被法国占领了。

从1792年到1815年拿破仑最终战败，欧洲的战争几乎从未间断。法国吞并了很大一部分被视为"德国"领地的土地。1795年，比利时已处于法国统治下，荷兰被纳入波拿巴家族王国，整个莱茵河左岸和鲁尔区的煤和钢铁中心都归法国所有，德国的西北部也被吞并。1806年，德国西南部的邦国巴登、符腾堡以及巴伐利亚组成了亲法莱茵邦联。北部地区的萨克森成为拿破仑最坚实的盟友之一，其工业因此获益良多。

法国大革命和拿破仑统治最重要的影响可能是将德国缔造成了一个更有凝聚力的联合体，虽然直到50多年后，德国才实现最终统一。1815年之前，法国已经把德意志帝国的234个区域整合成40个。德国境内的大部分教堂都被世俗化了，革命和频发的战争也使众多公国相继解体。1806年，神圣罗马帝国解体后，城邦也没有理由再继续独立了，随即归入了当地高一级政治实体的管辖范围。

在滑铁卢战役之后，德国仍在继续合理化其领土。小的邦国开始联合它们更强大的邻居，以获得保护和经济利益保障。滑铁卢战役后，欧洲众国齐聚维也纳处理战争赔偿事宜，欧洲版图被欧洲委员会重新改写。作为战胜国联盟的成员，普鲁士和奥地利获得了极大的好处。1806年，奥地利重新夺回了失去的意大利和巴尔干省份。普鲁士得到了莱茵以及工业化的萨克森的一半，并为此放弃了其占有的部分波兰土地。最终，普鲁士从维也纳会议中崛起，成为一支真正的欧洲力量，获得了前所未有的地位。

在奥地利的领导下，维也纳会议通过投票将德国旧的政治单位改为35个（后改为39个）独立的邦国，随后它们成立了一个松散的邦联[①]。每一个邦国保持独立，有各自的军队以及外交使节团。这个松散的邦联由奥地利首相统治，按照建立的初衷，奥地利和其他战胜国一直保持着非常松散的关联，尤其是英格兰和俄罗斯。直到1866年七周战争后，普鲁士战胜奥地利，该邦联才宣告解体。从此以后，奥地利就无法继续在德国的政治版图内呼风唤雨了。

1815年到1830年是法国君主制复辟的时期，也是德国相对和平的时期，德国可以调整重新获得及失去的领土。1830年，法国发生了另一场革命，这场前所未有的持续了半个世纪的政治和社会动荡最终在1848年结束。尽管开始于巴黎，但1848年革命不局限在法国范围内。全欧洲同时发生了多起起义，失望的民众及有理想的改革者企图用宪法和对人权的尊重替代国王衰落的神权和独裁专制。在德意志境内，奥地利和普鲁士发生了多次起义，最终摧毁了奥地利统治的邦联，初步建立起德国的国家形态。1848年5月，革命者齐聚法兰克福，制定了宪法，

[①] 德意志邦联（Deutscher Bund）是指1815年由德意志各邦组成的联盟，设有邦联议会，以奥地利帝国代表为主席。组织松散，各邦保持完全的主权。——译者注

建立了一个统一的国家政府。结果他们的努力付诸东流，因为大一点的德意志邦国都不接受这个想法。

— 建立德国 —

民族主义指的是一种社会运动，在这种运动中，人们效忠并献身于一个政治或民族主体，这种忠诚高于对其他个人或团体的任何忠诚，即"我的国家至高、至上、至远"。18世纪，民族主义运动席卷欧洲，伴随着德国、意大利的统一以及巴尔干脱离土耳其的统治，在19世纪达到高峰。

后拿破仑时期，浪漫主义开始兴起。浪漫主义是一种创作情绪和文化思潮，认为人类的感情和情绪超越了应予严格遵守的规则，同时表达对自然的热爱以及对浪漫往事重现的期许。浪漫主义关注文学作品和艺术创作中的民俗历史和传统故事，促进了民族主义的进一步传播，民族主义在拿破仑统治时期得到了发展。到1830年，强大的民族主义运动推动建立了三个新的欧洲国家：土耳其统治下的希腊和塞尔维亚，以及荷兰统治下的比利时。

德国民族主义

德国的民族主义思潮随着拿破仑战胜德国以及占领德国领土而兴起。最终，受过教育的中产阶级以及大学精英成为德国民族主义最坚定的支持者。他们一直在等待机会，直到1848年欧洲革命后，统一德国的条件才逐渐具备。德国人认为他们的文化是独特的，他们的生活方式与其他民族一样，甚至更好。仅仅在大约100年前，德国人还在对教会、行会、城市、领主以及其他地方或地区的政治个体示以忠诚。如今，人民的首要忠诚目标是建设德国国家政体。

《巴黎协议》签订之后，德国各邦国人口的不均衡增长扩大了普鲁士的规模，增强了其经济实力。从1816年到1865年，作为德国人口最多的邦国，普鲁士的人口在 1816 年超过了 1030 万，并于 1865 年达到了约 1950 万。19 世纪上半叶，德国八个邦国人口的增长情况如表 7–1 所示。

表 7–1　　德国八个邦国的人口增长情况（1816—1865）

邦国	1816 年人口（千）	1865 年人口（千）	增长率（%）
巴登	1005.8	1492.2	48
巴伐利亚	3560.0*	4814.7	35
符腾堡	1410.3	1752.0	24
选举黑森	567.8	754.1	33
黑森－达姆施塔特	587.9	854.3	45
汉诺威	1328.3	1927.8	45
萨克森	1162.7	2354.0	102
普鲁士	10 349	19 445.0	88
全部	19 971.8	33 394.1	

*包括巴伐利亚的普法尔茨。

资料来源：Sheesan，1989：458.

1848—1849 年欧洲革命后，现代德意志民族主义开始显现出完整形态，命运多舛的法兰克福议会制定了第一个全面的统一提案。大多数小邦国都接受了这一提案，但普鲁士和奥地利强烈反对。尽管 1848 年的革命者无法建立一个强大且统一的德国，但最终他们成功迫使除了奥地利之外的所有邦国接受了宪法。1848 年革命带来的进步包括：（1）法律面前人人平等；（2）人身自由及行动自由；（3）言论自由；（4）集会自由。

奥托·冯·俾斯麦出生于普鲁士庄园世家，在普鲁士外交使节团工作了 10 年，具备丰富的外交经验，后被选入法兰克福议会。他对奥地利统治的松散邦联怀有深深的不信任和蔑视，期盼邦联能够破裂，美因河以北的邦国能组成一个强大的邦联来取代它，这个新邦联应该由普鲁士而不是奥地利来领导。俾斯麦最终得到了一个实现梦想的机会。1862 年 9 月，他被任命为普鲁士首相。四年之后，也就是 1866 年，普鲁士和奥地利开战。

第 7 章　德国统一后的工商业（1871—1914）

普鲁士军队彻底打败了奥地利，当时德国其他大多数邦国都加入了奥地利一方，而另一方只有普鲁士自己。当年 8 月签署的和平协议宣告了德意志邦联的永久结束，北德意志邦联取而代之，统一了美因河以北的所有邦国。普鲁士吞并了数个曾经反对它的小邦国，极大地增强了领土的完整性，进一步提高了军事实力。新的邦联涵盖了德国大约 2/3 的人口，但只统一了 2/5 的领土。美因河以南的邦国形成了第二个邦联，北德意志邦联允许它们加入，但必须以普鲁士的模式重组军队，并且允许普鲁士将军进行管辖。奥地利被排除在邦联外，从此失去了在德国经济发展中的重要地位。

四年后，也就是 1871 年，吸收了南部各邦国的北德意志邦联在普法战争中击败了法国。直到最近，大多数学者都认为法国因西班牙王位继承一事而对普鲁士开战是由俾斯麦一手策划的。然而，现代学者不同意这一观点，他们认为法国应该对战争的爆发负主要责任。战争胜利六个月后，普鲁士开出苛刻的和谈条件，包括法国割让阿尔萨斯省和洛林省，以及支付 50 亿法郎的战争赔款。

普法战争是自中世纪以来，德意志第一次作为一个整体参战的战争。当普鲁士军队在色当战胜法国军队之后，德国南部各邦国纷纷加入普鲁士之星。美因河以南最早要求加入北德意志邦联的邦国是巴登以及黑森 - 达姆施塔特。八天后，巴伐利亚不情愿地加入，但其议会花了七个月时间才最终同意。符腾堡是最后一个签署统一协议的大邦国。俾斯麦为彰显普鲁士的胜利，在法国的凡尔赛宫宣告新德意志帝国成立，普鲁士的国王腓特烈·威廉一世成为首位皇帝。帝国将德国的 25 个邦国及大多数自由城市置于同一个行政保护伞下。德国再次成为一个统一的国家，并一跃成为欧洲大陆上最强大的国家。

—— 德国工业化的阶段 ——

德国向工业化经济过渡经历了三个不同的阶段，跨越了三个世纪。第一个阶段是原始工业化时期，个体手工业者聚集在一个地方，但仍然独立运作。在这种模式下，生产由家庭手工业向工厂转变。第二个阶段是官僚企业家领导时期，由一些较大的德意志邦国的政府向某些特定工业提供融资。这些发展中的企业由政府机构管理。第三个阶段的特点是集体资本主义，德国的主要工业实现了卡特尔化（即组成工业联盟）。最终，德国完成了从欧洲强国向世界强国的进化。

第一个阶段：原始工业化时期

在第一个阶段，即原始工业化时期，工厂式的机构改变了德国制造业的面貌。这些工厂并不是现代意义上的工厂，而是旧式外包、计件制的更大的表现形式。这一时期大约始于1720年，伴随着拿破仑逐渐统治了欧洲大陆，结束于18世纪90年代。这种原始工业化没有产生类似英国工业革命的结果，主要原因是德国很少有具有经验的企业家。

除了汉堡等少数几个保持繁荣的成功贸易城市外，直到18世纪中叶，德国大部分地区仍严重缺乏有经验、有资本的成功企业家阶层来应用新技术。英国发展工业经济比德国早几乎100年，而德国几乎没有企业家愿意或有能力、有才华在德国的领土上开办和经营新工厂。因此，德国政府如果要在新的工业化世界中占据一席之地，那么政府参与、控制或激励最初的企业就十分必要。因此，这一时期的经济增长很大程度上是由国家对一些处于萌芽期的工业部门进行干预的结果。

在这个阶段，以勃兰登堡－普鲁士为首的几个较大的邦国通过资助几个选定行业的企业家来促进发展。这些早期的种子工厂在大多数情况下只是早期制度和流程的规模化发展的结果，在这些制度和流程中，一个企业家要在生产流程的各个阶段与许多独立的工人签约，并为工人提供材料。这个流程在德国的纺织业和钢铁工业中一直延续到19世纪后半叶。不久后，这些早期的消费品工厂和与战争相关的工业联合了起来。在普鲁士控制的西里西亚地区，这一情况尤为突出，持续增加的城市人口对加工产品的需求不断刺激着工业的发展。

19世纪早期，普鲁士的领土上大约有2000个城镇（见表7–2）。大多数城镇的规模相对较小，许多城镇被高墙包围。经济的重点是向当地以及区域内的消费者供应日用品。

表7–2　　　　　　　　　19世纪早期普鲁士的城市

城市规模（平方公里）	城市数量	人口
超过10 000	26	83.6千
3500~10 000	136	76.59千
2000~3500	194	50.89千
1000~2000	407	59.79千
小于1000	258	18.69千

资料来源：Sheesan，1989：105。

商人的重要性

尽管采矿业和制造业正慢慢演变成类似于现代工厂的企业，但这时驱动其他经济领域发展的关键性群体仍然是商人。同样，主要的生产制度仍然是传统的家庭包工制。在这种制度下，商人购买个人手工业者的产品，随后转售或转运给其他人用于其他生产流程。他们也向当地独立的家庭手工业者提供其他生产流程所需的产品。通常，商人会向手工业者出租工具和设备。尽管如此，德国仍没有足够的商人为工厂提供资金，以与英国工业的发展竞争。投资只能来源于德国各邦国政府。

政府主导的经济发展

上西里西亚地区成为第一个国家主导投资的中心。这一地区见证了与奥地利的诸多战事，是普鲁士的军备制造中心。从18世纪50年代开始，西里西亚仅有的几个工业，特别是钢铁业和纺织业，吸引了越来越多的政府援助。西里西亚纺织厂的工人被鼓励移民到指定地区，因为国王承诺免费给每位纺织工人提供一台纺织机，这些工人同样可以成为普鲁士军队的步兵。随后，普鲁士政府出资建造了德国的第一台高炉，并于1753年在西里西亚的一家炼铁厂建成。

除了西里西亚，德国早期工业发展的另外两个地区是萨克森和莱茵。拿破仑战败后，这些地区领导着整个德国由农业经济缓慢地向工业经济转变。然而，这些地区以外的经济活动却截然不同。德国各邦国超过 80% 的人口仍然紧紧依附于土地。农业是主导产业，而且持续了一百年。

奥地利经济增长缓慢

在德国各邦国中，奥地利是仅有的能与普鲁士抗衡的竞争者。然而，奥地利为了维持帝国对广袤领土的控制，将工业经济发展放在了次要位置。18 世纪末，奥地利帝国几乎失去了凝聚力，它被视为一个由各邦国松散组织在一起的混合体，由来自维也纳的不同级别的官僚所领导。奥地利帝国横跨欧洲中南部，包括现在的奥地利、匈牙利、意大利北部、波希米亚、荷兰以及德国巴伐利亚的东部。它们唯一的共同点是哈布斯堡王朝的君主制和贵族统治制度将这些分散的民族和土地维系在了一起。自 14 世纪以来，神圣罗马帝国的皇冠就戴在哈布斯堡王朝君主的头上，一直到 1806 年帝国最终永久性地解体。

第二个阶段：官僚企业家领导时期

在第二个阶段（1790—1840），商业发展的重心从国家资助私营企业转变为资助特定核心企业，这些企业由国家指定的大型国有制造业和采矿业的官僚专家经营。这些制造业都是对经济和军事有利的行业，包括用于制造化肥和火药的碳酸钾、纺织品、钢铁、军备、煤炭以及交通设备和基础设施。

这一时期出现了专业的政治官僚机构，一些人员开始在公共和私人活动之间来回转换。此时，德国的工业化水平仍远远落后于英国，也落后于其在欧洲大陆的两个邻居比利时和法国。经济的大幅增长局限在几个地区，尤其是紧挨着实力持续增强的法国地区。同时，一个新的问题正在困扰着德国——人口过剩。

第 7 章 德国统一后的工商业（1871—1914）

除了易北河以东的农耕地区，以及与莱茵接壤的不断增长的工业地区，德国其他大多数地区无法吸收快速增长的人口。易北河以东的新工厂和扩大的农场都无法及时提供足够的工作岗位，因此成千上万德国工人和他们的家庭成员离开了家乡。起初，大多数人移民到北美以及南美，其他人涌入城镇，渴望找到工作，愿意接受低于正常水平的工资。因此，在 19 世纪后半叶，德国许多地区工人的收入都出现了大幅下降。在 19 世纪的最后 30 年德国开始全面工业化时，东部各邦国出现了严重的劳动力短缺。

从 18 世纪晚期开始，农业部门经历了许多重大的变化。这些变化虽然缓慢，到 19 世纪中叶也足以改善农业的方方面面，几乎完全消除了肆虐中欧已久的饥荒威胁。农奴的全面解放从 19 世纪初开始，到 19 世纪 60 年代，德国几乎所有地区的农奴都得到了有效的解放。耕作方法也发生了变化。土豆、甜菜等新作物的引进改善了大多数德国农场工人的饮食，也提升了农场的收入。旧有的三田制被更好的轮作制所取代，氮豆科植物被广泛种植，农场开始使用更多更好的肥料。经过 1845—1846 年的土豆疫病以及 1846—1847 年的谷物歉收之后，德国的周期性饥荒威胁结束了。

在这个阶段的前半期，武器和军备的生产为德国的工业化提供了主要动力。早期对工业化最大的影响来自萨克森和莱茵，在这两个地区，工厂生产使农耕黯然失色。到 1800 年，萨克森大概仅有 20% 的人口全职从事农业，大多数人在一定程度上参与了纺织生产。随着拿破仑禁止英国产品在欧洲大陆市场上销售，德国的纺织产品很快取代了英国产品。法国的市场需求不断增加，莱茵获益匪浅，鲁尔区的煤矿、铁以及钢产业的重要性不断凸显。

法国对欧洲大陆最深远的影响是实施了拿破仑法典，这是一套规范了商法和民法的法律体系。在这一时期，工商业增长的另一个主要变化是逐渐取消了限制企业活动的限制性行会制度。普鲁士再一次领导了德国各邦国反对行会的活动，在 1806 年就通过了法律以限制行会权力。

降低关税和费用

普鲁士同样领导德国各邦国降低或取消了许多严重限制国内贸易的关税和费用。从1817年开始,普鲁士降低了大多数工业产品的关税。1834年,当普鲁士说服德国北部大多数其他邦国加入关税同盟时,这些低关税措施得到了更多的认可。联盟将奥地利及其南部同盟排除在外,因为它们大多害怕日益强大的普鲁士军队。

联盟取消了成员邦国之间的关税,以适度的普鲁士关税作为共同的对外关税基准。普鲁士的官僚机构诚实地管理以及公平地分配海关税收,成员邦国之间的货物交易量得以快速增长。到1845年,成员邦国从共同关税获得的收入增长了90%,而人口仅增长了21%。每一个成员邦国的关税份额根据其人口决定。

1834年之后,自由贸易兴盛,商业增长迅速,利润增加。这一发展趋势不断地刺激着德国商品市场的发展,商品的价格也更有竞争力。许多小邦国的政府从这项可靠的收入来源中获利极大。在一些邦国,这笔收入被用于兴建学校以及其他社会基础设施。在其他邦国,这些收入则可能被用于修缮城堡以及粉饰统治机构。

到1830年,德国大多数较大邦国的工业部门都已经实现了缓慢却平稳的增长。基础工业的发展,包括各种纺织机制造、运河修建和早期铁路建设在内的一股新浪潮,为其他部门的增长提供了动力,尤其是煤矿以及钢铁行业。

第三个阶段:集体资本主义

德国的全面工业化进程直到第三个阶段才开始,大概始于1840年。1914年,第一次世界大战爆发,德国结束了这一进程,实现了完全统一,成为一个现代化、完全工业化的世界强国。德国拥有当时欧洲大陆最强大的经济实力,在工业生产方面仅次于美国。

德国经济快速增长的动力再一次转变了,这次回到了受到一小部分强大的金融机构影响的私人企业。到这个时期结束时,德国大多数主要行业的经济活动已被组成卡特尔的巨头公司所主导,少数几家大银行盘根错节地参与和领导着这些公司。在这种体制下,竞争由少数几个大公司严格管理,而不是企业自己发挥作用。

到 19 世纪 50 年代,德国在很大程度上仍然是一个粮食出口国,鲜有资本能够投资制造业;仅有的投资主要用于改善国内基础设施以及交通,如运河及铁路。一些君主或者贵族选择性地在自己的土地上投资制造企业,如普鲁士国王的陶瓷和纺织厂。银行几乎不存在,中世纪活跃在奥格斯堡和纽伦堡经济舞台上的德国南方银行早已淡出了人们的视线。

1850 年之前,德国安装的新生产机器主要来自法国和英国,包括采矿机器、珍妮纺织机以及其他纺织设备、收割机以及其他农业设备。矿山和金属制造厂规模较小,相对独立。1850 年后,德国经济各个方面都迎来了迅速的变革。

英国工业革命开始近一个世纪后,德国商业体系开始呈现出其现代形式。但是关键的一步早前已经迈出,为后来的发展奠定了基础。铁路建设是其中一个很好的例子。德国的第一条铁路于 1835 年完成建设,覆盖了从纽伦堡到菲尔特 7 英里的距离。第一条长途线路从莱比锡到萨克森的工业城市德累斯顿,于 1837 年开始运行。之后,邦国政府参与进来,铁路建设开始提速。到 1850 年,德国已铺设了 3500 英里铁轨。其中大多数在普鲁士,为政府所有,并使用普鲁士建造的博思格(Borsig)火车头。当时,德国铁路的长度比法国多 1500 英里。从 1850 年到 1870 年,普鲁士国有铁路的建设吸收了 75% 的资本。

铁路建设的步伐在接下来数十年持续加快,到 1875 年,当主要的欧洲铁路网络基本建成时,德国已经铺设了 12 500 英里铁路。但此后,铁路建设步伐放缓。1860 年到 1870 年,铺设长度增加了一倍,但从 1870 年到 1880 年仅增加了一半,1880 年到 1890 年保持了前十年的增长态势。

在英国和美国，铁路的建设妨碍了煤矿、钢铁以及机器工业的发展。在普法战争结束后的四年里，普鲁士建立的钢铁工厂的数量超过了之前所有年代的总和。依靠蒸汽驱动的泵和升降机，大量价格低廉的煤从鲁尔区的深层煤矿中被开采出来。从1850年到1869年，德国煤炭工业的产量增长了4倍，从510万吨增长到2677.4万吨。鲁尔区的煤矿工厂和工人数量激增，使产量的增长成为可能（见表7-3）。

表7-3　　1850—1870年鲁尔区的煤矿工厂和煤矿工人的数量

年份	工厂的数量	工人的数量	每个煤矿的雇员数量
1850	198	12 741	64
1855	234	23 474	100
1860	277	28 657	103
1865	234	42 450	181
1870	215	50 749	236

资料来源：Sheehan，1989：740.

德国经济、商业以及社会体系的最终转变主要发生在普法战争和第一次世界大战爆发之间的35年里。梅尔（Maehl）简要地描述了这段短暂的改变历程：

> 出于多种原因，德国的贸易和工业经历了一系列动态扩张和螺旋式增长的过程，在国民生产总值中的占比提升，国民情绪空前高涨。在第一次世界大战前夕，德国成为旧世界中最强大、最有野心的国家，开始骄傲于自己的成就。大多数德国人都为祖国的立法体系、先进技术、教育体系、上升潜力、强大的海外地位、日益增长的进出口贸易额、蓬勃发展的商船以及巨大的工业优势而感到自豪……德国人民过上了欧洲最高标准的生活，享受着无与伦比的物质进步。

驱动工业增长的力量

得益于人口的迅速增长（从1845年的3400万增长到1914年的近6800万），德国的工业增长主要由以下四种力量驱动：

- 一系列标准化和自由化的工商业法律体系，以及一系列适时的科技突破；
- 商业银行体系的出现；
- 鲁尔区煤矿以及阿尔萨斯－洛林铁矿巨大储量的开采；
- 企业卡特尔的发展使关键行业合理化，生产成本降低，企业收益增加，减少（虽未消除）了降价和其他类似措施的竞争压力。

1869年后，德国全面工业化的舞台已经搭好：普鲁士颁布了一系列法律，消除了行会对商业的最后限制，并允许劳动力自由流动。接下来的巨大政治推力是1879年通过的一项保护性关税，使德国工业几乎垄断了国内市场。这一时期最重要的科技进步之一是英国发明的吉尔克里斯特·托马斯炼钢法。德国采用这一方法后，能够充分利用1871年从法国吞并的阿尔萨斯－洛林所产的磷化铁。鲁尔区生产的焦炭满足了发展需求，直到第二次世界大战结束，欧洲地区大部分钢铁都是在这一地区生产的。

由于针对工业的国家融资逐渐减少，工业发展不得不寻找其他资金来源。起初，德国早期工业发展的资金来自外国贷款以及对德国的直接投资。然而，在1871年之后的几年里，德国国有铁路等主要工业的建设资金是50亿法郎的战争赔款。

推进全面工业化

直到19世纪80年代，德国才开始向全面工业化迈进。当时，德国的商业银行体系已经牢固建立，能为现代化钢铁、化工、电气以及机器制造业建设提供大量资金，也能够继续投资煤炭和铁路建设。这些巨额资金来自股份制银行。在经济增长的背景下，居民个人收入实现了事实上的小幅增加，数百万德国人能够将自己的收入存入新成立的银行。到1875年，银行体系基本建成。这些大型多功能银行扮演着重要的角色，为德国新的资本密集型产业提供资金。银行的代表在债权人董事会中占有一席之地，参与并指导高层决策。

德国的银行体系沿袭了工业体系的卡特尔路径，不久被四大巨头所控制。当年新成立的中央银行，即德国国家银行（前身为普鲁士银行）随即控制了这四家银行。德国国家银行保留了发行德国新单一货币的独家权力。为赶超英国，一切已准备就绪，德国力争在20世纪成为欧洲的主要工业国，甚至在许多领域与美国制造业抗衡。

结　语

1880年之后，德国商业在一种既定的、计划的、受保护的经济中运作，这与德国走上工业化道路时存在的自由贸易、企业家体系完全不同。普鲁士贵族统治下的农业经济解体后，日益强大的工业生产者和银行家不断地提出要求，俾斯麦统治下的德国政府顺应了发展潮流。

在持有这些工业企业大量股份的银行家的带领下，德国的制造商形成了巨型卡特尔，控制了这个行业的各个方面。这一卡特尔体系帮助德国度过了1873—1874年的经济萧条以及早期过度竞争引发的潜在的生产过剩灾难，因此政府不仅认可卡特尔，而且极力推行这种形式。早期，三个强大的卡特尔主导着经济发展：1879年的钾肥生产商、1879年出现的煤炭生产商以及19世纪70年代末的钢铁生产商。19世纪80年代出现了大规模的卡特尔化浪潮。到80年代末，卡特尔已经在德国企业的各个方面发挥作用。

1913年，德国成为世界上最大的化工、电气设备、交通设备以及其他机械（包括纺织机械和金属加工机械）出口国。这些产品都被用德国产的钢铁以及德国生产的引擎所制造的德国商船运送到国外市场。德国商人在世界各地设立办公室，出售商品、安装他们的产品，并提供相关的服务。这些机器由德国教育体系培养的工程师和科学家设计（在当时可谓世界上最好的），由世界领先的职业学校以及工业学徒项目的毕业生生产，质量很高。

德国政府通过制定高额保护性关税，以及支持卡特尔和其他集体市

第7章 德国统一后的工商业（1871—1914）

场管理行为，积极参与工业建设。除了保护性关税，政府越来越多地支持德国企业，如直接财政补贴、对政府持有的铁路和远洋运输线提供运费优惠以及其他避免竞争的保护措施。与英国和美国禁止卡特尔、推行反垄断立法的做法相反，德国的工业可以自由地组织起来设置价格、控制原材料和市场准入、划分市场份额，并在各个方面管理自己的经济事务。经历了这一发展历程，到1914年，德国商业体系已经呈现出钱德勒（Chandler）所称的合作的管理资本主义的特征。时至今日，这种体系仍在许多方面发挥着作用。

A COMPARATIVE HISTORY OF COMMERCE AND INDUSTRY

第四部分

日本的网络型工商业

第 8 章

日本工商业的基础

　　日本商业体系是在社会和文化的大环境中形成的。这种环境强调对家庭和团体的强烈忠诚，对个体与群体之间的关系有一系列严苛的准则，并愿意接受来自其他社会群体的科技、想法和经验，同时对它们进行调整，以适应日本和日本人的特定需求和传统。除了日本本土宗教神道教，日本早期的宗教和哲学借鉴自中国和韩国，后来的思想来自西方，尽管这些思想直至德川幕府统治结束后才对日本产生了很大的影响。

　　日本社会是从一个起步较晚但长期存在的封建制度中崛起的，直到1853年，美国海军准将马休·佩里（Matthew C.Perry）和他的黑船舰队迫使日本向西方商人开放口岸，日本的封建制度才宣告结束。佩里要求日本开放他们的国家，允许向经日本前往中国港口的美国军舰和商船供应补给品和燃料，并承诺给予遇难船员人道待遇。这些要求，包括开放日本港口进行贸易只是偶然的。在十多年的时间内，日本被迫开放引起的一系列变革导致了一场革命的发生，幕府政府终结，天皇和他的顾问复辟执政。与此同时，思想的大门开启，日本开始寻求政府、教育、军事和商业方面最佳的、最适用的理念，以便在国内推行。

　　现代日本商业体系的发展受到了佛教、儒家思想及日本神道教的基本信仰和观念的影响。严格的军事行为准则和严苛的等级体系进一步塑造了日本商业运作的方式。日本长期闭关锁国，封建社会体系持续了500多年，其商业制度与实践也在不断地演变。商人位列四级等级制度的最低一级，武士是最高等级，接下来是农民、匠人，最后是商人。尽管商人的社会地位低下，但早期商人仍是日本封建社会运作的重要组成部分。日本的经济以每年的稻谷为基础，若没有商人、批发商和分销商的大量出现，日本的封建制度可能不会持续这么久。

显然，日本现代商业体系是第二次世界大战结束后国家发展和重大事件的产物。然而，许多哲学、政治和文化因素塑造了日本商业的特点，使其在历史长河中扎根。2002年，罗斯菲尔德认为，日本独特的工商业体系并不是所谓的亚洲价值观的产物，而是日本将其"以羞耻为主的地方自治主义"与日本神道教、佛教、儒家思想以及中国和韩国的价值观结合在一起的产物。这些价值观又与西方工业国家形成的市场观念相融合。这使日本在第二次世界大战后取得了非凡的经济成就。本章首先简要介绍这些文化和社会贡献是如何对日本工商业的发展产生影响的。

尽管这些事件早在6世纪就开始影响日本，但其作为先决条件和随后的发展直到几个世纪以后才凸显出重要性。

影响日本政治和经济发展的政治和经济因素出现在五个不同的历史时期。第一个时期是12世纪左右，最后一个时期开始于日本在第二次世界大战中战败，并持续至今。五个时期有各自突出的主题。第一个时期是南北朝战争时期，伦理基础首次被提出，之后所有时期的哲学和文化特征的形成都是基于这一时期的哲学基础。第二个时期被称为镰仓时代，日本政权由封建军阀、武士掌控。这个时期，强势的军阀孤立了传统的天皇，并且开始掌控国家。

第三个时期是德川时期，日本社会以封建主义和极度孤立为特征，且孤立程度严重。离开日本土地的日本人都被禁止回国，以免社会受到任何外国思想的感染。第四个时期，即明治时期，是日本现代化的早期，日本面向西方国家开放，为其最初的现代商业体系奠定了基础。第五个时期是昭和时期，是日本从封建孤立向全球霸主转变的时期。日本在20世纪三四十年代走向殖民扩张的道路，并在1945年后着力于重建经济。日本从几乎完全战败到破土重生，成为世界第二大经济强国。

要想了解日本商业的历史，就必须追溯到近2000年前。那时，韩国和中国文化开始影响日本。许多早期的文化传统至今仍影响着现代日本的商业结构和管理方式。

—— 农业经济 ——

日本版图中包含四个主要岛屿，这四个岛拥有大部分人口、农业用地和工业基础设施。从北到南分别是北海道、本州、四国、九州。了解日本群岛范围大小最好的一个方法就是将日本地图的轮廓与美国东部地图的轮廓重叠起来进行比较。日本最北边的岛是北海道岛，通过地图比较可以看出，它覆盖了除缅因州外的整个新英格兰地区。约1700英里以外最南端的岛群分散于美国东部地图上的密西西比州和佛罗里达州北部。日本的首都东京和其他重要的大城市都位于最大的本州岛。

日本曾有几个世纪都是世界上最孤立的国家之一。首先是自然条件上的孤立；后来，保持这种孤立成为皇室重要的官方政策。日本列岛位处亚洲大陆东海岸附近，类似英国位处欧洲海岸附近。然而，英国和法国只相隔大约20英里，在天气相对晴朗的日子里，在法国可以清晰地看到多佛白崖（英国距离欧洲大陆最近的地方）。韩国是亚洲大陆与日本列岛最邻近的地方，相距100海里左右。中国和日本之间最近的距离大约为450英里。显然，在6世纪前，渔民、大使或商人之间已有联系。然而，在这两个地区之间航行并非易事，尤其是考虑到当时中国和日本的船只都很小。

距离上的差别导致日本和英国与它们的大陆邻国的亲疏度大不相同。中世纪，英国融入了欧洲的文化、经济和政治世界。但必须承认，这源于一臂之遥，一种共同的语言（先是拉丁语，后是法语）往往使政治与科学世界的不同成员可以进行沟通并分享想法，从而使共同致富成为可能。

到中世纪晚期，亚洲其他国家与日本的联系完全中断了。日本与英国不同，英国曾遭受罗马、盎格鲁－撒克逊、丹麦、挪威、诺曼等不同族群的连续入侵，而日本几乎没有遭受过外来入侵。日本在孤立的几世纪中发展出了一种单一的文化，并在德川时期制度化。日本人吸收了许多来自国外的想法和文化，但是几乎总是根据其自身情况加以改造。

日本地形崎岖，80%以上的土地为山地，并不适合农耕。这意味着日本不断增长的人口不得不聚集在为数不多的低洼区域。这些区域大部分位于岛屿靠近太平洋的一侧。山脊上有许多活跃或曾经活跃的火山，还有流下深峡、汇入大海的湍急的河流。尽管土地贫瘠，但因群岛水分充足，仍有许多不同的粮食作物、蔬菜和果树生长旺盛。大米是日本人的主食，虽然现在仍很重要，但已不如以前了。当今，尽管国内生产成本高，但日本仍是一个大米净出口国。

在大约10万年的时间里，这片土地（现如今日本列岛）上的居民并没有考虑过经济对其文化产生的影响。和世界上其他国家一样，日本最早的居民是打猎采集者。在大约两万年前，人们可以从韩国步行到达日本。人们认为在北部存在第二陆桥，连接着北海道与亚洲大陆。在日本的石器时代初期，这些陆桥使猎人和采集者能够轻松地迁徙。当海平面上升后，陆桥消失，无法再起到连接大陆的作用。此后，列岛的入侵者可能是渔民或猎人，他们可能经常游走于列岛和大陆间。一些人最终留下了，同时带来了高超的制陶技术，可能还带来了一个母系社会。从这一传统中可能产生了一种对日本神秘创建者的信仰，后来所有天皇被视为这位太阳女神的后裔。

大约公元前3000年，一群来自韩国的入侵者可能是最后一批迁移至日本的人。这些移民具有当时韩国和中国最普遍的文化特征，水稻湿栽是其中最重要的。这些人非常擅长建造水坝、灌溉系统、水稻梯田和其他农业基础设施。

发展中心

从耶稣诞生之日起，日本就有两个相互竞争的发展中心，都位于本州岛。一个在东南海岸，以出云为中心，面向韩国的方向。中国和韩国的文化元素可能是通过该地区传入日本的。第二个发展中心是大和，位于东海岸沿海的平原上，面朝太平洋，离奈良和京都不远。从大和的第一代王朝开始，这个平原就是日本未来首都倾向的选址地。

日本有两类人没有被主流社会所接纳。其中一类人是 1910 年后移居到日本的韩国人的后裔，当时韩国还是日本的殖民地。尽管在日本出生和成长的后裔已有几代人，但他们始终被认为是居住在日本的外国人，并且未享有充分的公民权。第二类人是按文化角度不同而区分的，并不是按种族划分的。他们是之前被排斥的日本人的后裔，虽然拥有公民身份，但在很多方面都受到歧视。

当今，日本人口可以说是由东亚其他地区的不同种族混合组成的。只有早期移民到日本的阿伊努人表现出了很大的民族差异。阿伊努人可能是日本最早的定居者。大多数人已经融入了日本社会，但仍有总数不超过 15 000 人的少数几个孤立团体生活在北海道北部岛屿上。

— 日本民族的重要时刻 —

在公元 400 年之前，日本已或多或少地显现出一个统一国家的形态。据记载，这最早是在 414 年。直至统一前，日本有大量由独立军阀领导的独立、强势的部族。每个部族都保护着自己的领土。部族的族员可追溯到共同的祖先。附属于每个部落的其他群体称为非族员，以低种姓为代表，工匠、仆人和奴隶也属于非族员。工匠会加入类似行会性质的组织，并拥有世袭行会成员的资格。

大和民族是第一个联合的族群。3世纪中期，大和民族权力兴起，并一直掌权到587年。当时水稻产量大幅增长，富足的大和民族制服并联合其竞争者，首次使日本成为真正由单一民族组成的独立国家变为可能。韩国移民将王朝的概念引入大和，使大和能更好地掌控军事和政治。不久，日本社会便大致分为四个阶层：（1）强势的诸侯部族，可对土地和人民进行支配；（2）职业群体，服务于部族首领和王朝，他们负责提供服务，制造工具和武器；（3）王朝庄园，向大和天皇和皇后上交他们生产的大部分产品；（4）各省和各地区经任命的行政人员，是大和的控制机构的成员。

在5世纪时，大和王朝拥有一支大型常备军，其有能力击退在韩国领地上的庞大的韩国军队。大和在韩国领地上建立了附属国，韩国和中国的织工、金属工匠、牧师和灌溉专家从被攻占的领土移居至日本列岛。大和王朝权势的顶峰出现在5世纪早期。不久以后，大和便失去了对韩国领土的占有权，而且附属国也不再上交贡品。王朝势力持续衰落，直至天皇被刺杀。

大和皇室的成员圣德太子（Prince Shotoku）代替他的伯母——被刺杀的天皇的皇后，成为摄政王。受佛教和神道教的深远影响，圣德太子制定了尊重一切众生的政策。他对管理制度进行了改革，建立了不同的等级体系。604年，他制定了《十七条宪法》（*17-point Constitution*）。建立等级体系是为了提高政府的管理能力，同时宪法中首次出现了国家的概念和人际交往的规定。圣德太子制定的宪法建立了三种社会等级：天皇、大臣和人民。宪法中将各等级的权利和义务都讲得很清楚。《十七条宪法》是最早通过并适用于整个国家的几部法律之一。

圣德太子与中国在平等的基础上正式建交。他派日本学生到中国留学，学习政治、艺术、历史、宗教、文学和科学。圣德太子于622年去世，但他的改革仍没有完成。最初刺杀圣德太子伯父的权势军阀后裔再次夺取皇位并掌控政权，圣德太子的改革随之结束。不久后，那些被圣德太子派到中国学习的留学生开始回国。他们一致认为，如果日本要保持其独立的状态并避免社会动荡，政府就要进行改革。645年，在亲中派发起的宫廷政变中，篡位者被灭门，天皇家族重新掌权。这场革命被称为大化革新。

改革者的首要目标是建立一个中央集权国家，天皇是绝对的最高统治者。646年，改革者们废除了所有大贵族的财产和农奴私有权。在日本最早成功的土地改革计划中，国家将土地免费分配给农民，赋予他们耕作的权利，并以每年固定的税收作为交换条件。他们还建立了首都的行政制度，包括国家防御和外交的规定。上述提到的改革和其余改革仅用五年的时间就完成了。《大宝律令》（*Taika Vode*）于701年颁布，它是一部中国式的行政法和刑法典。

710年，一个大型首都城市（现在叫奈良）在距离平壤不远的地方建成，标志着为期75年的奈良时代开始。奈良时代最早见证了佛教在日本的盛行。奈良时代的圣武天皇建设了很多佛堂和僧院，僧人和尼姑承担了背诵经文并为国家祈福的责任。很多寺庙都变得越来越富有，很快僧人就开始参与官僚政治，并担任天皇和地方贵族的顾问。

8世纪后期，日益壮大的佛教势力迫使皇族成员、大化革新领导者之一中臣镰足另立了一位非佛教徒的掌权天皇。上位的光仁天皇和他的儿子恒武天皇切断了皇权与佛教的一切关联。恒武天皇首次将首都从奈良迁至平安京（如今的京都），开启了日本历史中的平安时代。这个时代开始于794年，结束于1185年，期间，佛教僧众被禁止参与国家管理。这让佛教徒重新承担起帮助人们寻找光明的传统使命。

在平安时代，日本经历了大约150多年的和平和稳定。然而，人口增长压力渐增，最终导致农民无法分配到足够的稻田。较小的地块导致了较小的产出，政府税收因此减少。到11世纪时，土地公有制政策逐步崩塌，很快土地重新回到了私人手中。政府曾经在一段时间内开展过一个项目，对开垦荒地或其他泥沼地、使其变为农用地的个人予以奖励，赋予其新开拓的农用地的完全所有权。所以，私人所有制的想法并不是新出现的。最终，土地所有者将许多小农场集合成较大的农场，与封建时期欧洲庄园的建立大致一样。

日本庄园主很快找到了免除其土地税收的方法,这种方法类似于土地庙免税。贵族以大地主家族领导者为首,开始积聚权力和财力。贵族雇用家臣作为保镖,由此产生了新的阶级——武士阶级。他们起初由家中的次子、三子或不能继承官职、不能在朝廷任职和在穷乡僻壤任次要职务的行政小官组成。这些武士通过自己的努力获得了财富和地产,很快就成为一股不容小觑的力量。

信仰体系与日本社会

日本民族及其人民拥有独特的民族性和思想体系特点,帮助他们形成这些特点的力量来自中国和韩国。这与意大利商业技术向北流传,最终被中世纪欧洲的所有国家全面接受的模式大致相同。日本人是亚洲移民群体的混合体,大部分侵略或移民发生在公元前4世纪前。后来,越来越多的人定居日本,他们要么有自己的观念和传统,要么吸取了中国、韩国和亚洲其他地区已有的观念和传统。

中国的思想和文化于6世纪开始传入日本,直至1945年日本军队被驱逐出韩国和中国,思想和文化的输入才被切断。当时中国正统哲学体系中比较重要的是佛教、道教和儒家思想。这些思想与早期日本本土的神道教相互影响。以下我们将对上述每一个思想体系及其主旨进行简述。基督教于16世纪由传教士引入日本并深受欢迎。然而,在德川时代,基督教是被禁止的,而且日本的基督徒曾惨遭迫害。很多基督徒宁愿死也不愿详述他们的信仰。在1873年,这条禁令被明治政府撤销了。

中国佛教的早期影响

从6世纪中期至明治维新开始时,日本文化深受中国文化的影响。最初,这种影响的主要来源是佛教僧侣。佛教与中国文化传统直接通过韩国传入日本。日本佛教被称为Bukkyo。它可能在6世纪中叶甚至更早就传入了日本。日本学者认为，公元552年佛教僧侣首次到访日本。这些佛教僧侣和来自朝鲜半岛一个小国的官方代表一起来到日本大和朝廷，可能有个别中国佛教僧侣更早到达日本。在此期间，韩国、中国甚至印度的佛教僧侣定期访问日本，传授并传播新的信仰。佛教很快就在日本扎了根。

佛教于公元前5世纪起源于印度，之后很快向北传播到中国。经历大约不到100年的时间，佛教就成为中国文化的一个重要特征。中国佛教人士将佛教传到了韩国，又从韩国传到了日本。同期，许多日本人为了学习更多的佛教思想前往中国。他们回国的同时也将中国的很多文化带回了日本。

佛教的一个主要信条是，通过感官的愉悦来寻求在幸福与严格的自我苦行或禁欲主义之间取得平衡。中道，亦称八正道，包含八项"正确"的行为，即正见、正思维、正语、正业、正命、正精进、正念、正定。这些都包含在佛教修炼和戒律的三个基本理念中，即修戒（完善道德品行）、修定（精神戒律）和修慧（培育智慧）。

道德品行的核心是佛教概念中的普爱众生。日本神道教接受了这个理念。这个理念认为众生都是以自己的方式神圣地存在着，因此应该被尊崇。此外，修戒的概念中包含了中道的三个概念，即正语、正业、正命。

精神戒律包括正精进、正念和正定。这些观念与日本武士的精神和自律相契合。修定的最终目标是头脑得以训练和控制，需要通过正精进、正念、正定实现。

智慧是需要通过"正思维、正见"达到的。正思维是一种伦理思想。了解事物的本来面目是一个人可获得的最高智慧。真实的见解，即感知终极实在，只有在内心抛除一切杂念，并且心智充分发展的基础上才可以实现。这只能通过冥想得以实现。

7世纪中叶，大和朝廷派往中国的留学生回国后在日本朝廷中组建了亲中团体。这些留学生被送到中国大陆，这样他们可以和中国人学习一样的知识、艺术和发明。这个团体的规模不断扩大，也越来越重要。645年，他们已经有足够的权力掌控国家。这导致日本一段时期内几乎变成了中国的缩影。部分亲中人士继续在日本实施中国的政治和社会计划，以及土地制度等经济制度。然而，他们并不是简单地照搬。这些改革者对中国的文化、哲学和政治思想进行调整，以适应日本国情。虽然他们认为中国文化优于他们自有的文化，但他们仍然忠于自己的祖先。改革者通过对中国文化进行多方面的调整，使其更贴近日本传统，因此这些创新造就了日本独特的变化。这些引人注目的变化自574年起持续了40年，被称为大化革新。

8世纪，佛教成为日本国教，在这一时期，日本新建了许多寺庙。在接下来的几个世纪里，佛教继续在日本社会传播，并且成为中国文化在日本传播的一个重要渠道。与此同时，相同的情况也发生在西方。随着基督教的传播，地中海文明和文化也被传播至北欧。

为适应本土需求，日本对佛教进行了调整，佛教很快就被日本的大部分地区接受。日本本土化的佛教在两个不同时期十分盛行。第一个时期是710—794年的奈良时代，第二个时期是12世纪的镰仓时代。

在8世纪奈良时代，佛教徒教导人们，对众生慈悲是人类最重要的品行之一。日本佛教徒遵循他们的教义。他们引入了各种各样的社会福利活动和项目，建立并运营医院、慈善机构，并且开展了建筑、灌溉、开垦等项目。

最终，佛教在日本社会丧失了大部分影响力。到17世纪早期，德川幕府统治敌对部族时，佛教寺庙仅起到教区记录、统计人口和举办葬礼的作用。只有少数佛教寺庙继续参与传统艺术的塑造并开展古典教育。

16世纪，织田信长（Oda Nobunga，1534—1582）在其独裁统治期间基本上终结了佛教作为日本主要宗教或哲学思想的角色。他废除了日本所有的佛教寺庙。除了反对佛教外，他在工商业方面也是一个现代主义者。他引入了几项影响贸易的重要改革，其中最重要的是废除了地区关卡（在那里会层层征收通行费和税款），从而极大地促进了日本国内的贸易发展。

为了满足社会需求的变化，日本佛教不断地被重塑。9世纪早期，曾在中国寺庙学习过的僧人将天台宗和真言宗引入日本。这两个宗派的社会影响力都没有佛教禅宗大，但它们在日本一直长存至今。禅宗是在镰仓时代初期传入日本的。在12世纪和13世纪，日本出现了第四个重要的佛教宗派，即净土宗，亦称净土、净生。净土宗是对天台宗和真言宗世俗化。这些人以朝廷为中心，担任显赫贵族的顾问，因此逐渐变得富有、强大，而忽略了服务于穷人的最初使命。净土宗僧人传授的宗教信仰强调来世的荣誉胜过今生所能获得的一切；只有放弃诱惑并致力于一种纯粹的生活，才能获得救赎并进入极乐世界。净土宗僧侣建立了免费的医院、学校、孤儿院和类似的社会服务机构。现在，日本仍有净土宗僧侣存在。

日本的禅宗佛教

12世纪，日本佛教已经发展为四个主要教派和几个小教派。禅宗是其中比较重要的一个教派，其教义结合了非常严格的身心戒律体系。这些戒律的目的是自我控制和对个人意志力的掌控。"禅"这个字的字面意思是冥想，而禅宗佛教最基本的修炼就是冥想。达到禅宗的开悟境界意味着最终认识到人类所有的苦难都源于人类对世俗事物，如财富、权势的追求都是虚幻的，长期来看它们并不重要。只有通过冥想才能实现禅悟。禅宗进一步鼓励人们通过不断地克己自律和努力来寻找自觉，类似于日本企业的全面质量管理计划中的持续改进理念。

禅宗成为受武士阶级偏爱的宗教，他们对禅宗的认可可能对禅宗教义迅速在日本境内成功传播并长期保持生命力起到了重要的作用。在接下来的600年中，禅宗主导了日本的发展。通过对自律和自控的强调，它成为武士和统治阶级相关的教义，这些教义帮助塑造了武士的禁欲主义价值观。

禅僧被幕府将军和武士聘请为顾问。他们在日本与中国的谈判中充当了极其重要的角色。受禅宗的影响，日本掀起了学习汉语和研究中国文学的热潮。中国艺术、园林造景和茶道被日本文化吸收，这些文化的引入帮助禅宗保持着文化传递者的地位。

在禅宗教义的影响下，一套完整的审美体系应运而生，并成为日本文化一个持久的元素。比起对大的、宏伟的、人造的、统一的事物的欣赏，人们更欣赏小的、简单的、自然的甚至畸形的事物。

日本的儒家思想

虽然佛教很快成为日本民众推崇的主流宗教，但同期另一种哲学思想也涌入了日本，并很快被日本的统治阶级和受过教育的阶层所接受，这就是儒家思想。中国的儒家思想在传统意义上并不是一个像佛教那样的宗教思想体系，它更像一个基于中国传统的伦理、道德和政治教义的思想知识体系。

孔子是中国的哲学家和老师，生于公元前551年，逝世于公元前479年前后。随着其教义在中国的广泛传播，许多内容都被佛教的新教派思想吸收。佛教思想主要关注帮助身心遭受苦难的人，而儒家思想则强调忠诚、自我牺牲等美德。

在中国儒家思想体系中，对君主忠诚是十分重要的，然而很多时候，这往往被对家庭的爱所掩盖。当儒家思想被引入日本思想中时，这一点被改变了，忠于君主成为这个思想体系的中心理念。忠于家庭确实也很重要，但要先忠于君主。忠于君主也可理解为忠于天皇。这种思想有力地增强了武士阶级对君主的忠诚。

儒家思想强调，为维持社会稳定和平静，被统治者和统治者之间必须接受并遵循适当的、自然的关系。这个理念与日本当时正在发展的封建主义模式十分契合。儒家思想是中国发展的基本哲学基础，并且非常契合日本僵化的等级制度。

儒家的哲学思想对严格的等级制度的建立与维持有着特殊的影响，等级制度也成为日本封建时期的特征。等级制度的顶端是天皇，紧接着是幕府将军（即最高统帅）。天皇不是实际权力的统治者，他只是一个象征。幕府将军和他任命的官员具有统治日本的实权。

幕府将军之下有着严格的等级制度，从高官、小官到村庄首领，直至权力最终分配至一家之父。武士中除了几个有权势的领导者成为封建领主外，其他武士在等级制度中并没有占据直接地位。武士对其领主必须绝对服从。

在政府直接体制外的社会地位方面，日本儒家存在四个等级。商人位于该社会等级的最底层，商人之上是工匠，工匠之上是农民，农民之上是武士。在日本，儒家思想认为公共利益高于个人利益。这是武士的理想，他们将公共利益置于个人利益之上。因此，儒家的两个信条将武士置于商人之上。因为商人可给予的公共服务较少，并且相比遵守道德，他们更以牟利为先。由于战争不再发生，武士证明不了他们的存在价值，收入持续降低，最终许多武士为了生存被迫成为商人。

儒家的伦理原则在很大程度上影响了武士的行为准则（即武士道）。其中五条关于主仆（统治者与被统治者）、父子、夫妻、兄弟、朋友间关系的规则非常重要。这些行为准则，以及儒家所强调的学习和自控，为武士和整个日本社会提供了强大的方向感。

道教的古朴与和谐

另一个宗教——道教，传入日本的时间大约与中国儒家思想传入日本的时间相同。道教是中国的一种宗教和哲学，提倡简单和无私。据说，道教起源于公元前6世纪中国哲学家老子和庄子的哲学思想。基本上，道教鼓励人们过简单自然的生活，并且不干预自然事件的发展。人们只有这样才能融入道，过上幸福的生活。道教与儒家思想和日本神道教思想结合在一起，将道定义为社会中一切事物外部秩序的形态。在西方国家，这可能被称为"宇宙秩序""上帝的旨意"或"宇宙运行的方式"。这个理念显然与儒家思想的传统理念相呼应。

道教在日本没有成为一个单独的宗教，而是被完全成形的神道教所吸收。森岛（Morishima）还看到，日本神道教是道教在日本被接受的一种表现形式。日本道教的发展与中国道教的发展有很大的不同。中国的道教提倡人们应该隐退于世，过宁静和节俭的生活，而日本的道教则提倡民族主义。19世纪以前，道教为尽忠报国的情怀提供了宗教的理论基础。西方国家认为这是20世纪日本所具有的特征。

神道教对自然和祖先的崇拜

对神道教的信仰与崇拜可能是由早期从朝鲜半岛跨海来到日本的民族带来的。从这个角度看，它可以被认为是日本原始、本土的宗教。神道教基本上是对自然中一切事物的崇拜和尊敬，包括并不限于对祖先的尊重。神道教教导人们，世间万物（不管有生命的还是没有生命的）都拥有各自的神或力量，所以应该被尊重。

神道教没有公认的创始人。在其古老的或部落形式中，神道教与治疗或净化疾病、伤口、死亡的仪式行为有关，或与被部族视为反社会的行为有关。狩猎采集的生活方式被农业耕作取代，它被应用于传统的耕作活动中。在种植水稻期间，仪式表示对上帝的希望或请求，在收获期间则表示对神的感谢。其他仪式的设计是为了在面对压力或危急时刻召唤神的力量以寻求其保护或介入。起初，拜神的地点仅用草绳简单地标记出来，或是用纸、稻草、横幅围住特定的石头、大树或者牌坊。最终，这些仪式呈现出更加永久的形式，其中一些变成了拥有不同建筑的神社，用于礼拜、举行仪式和典礼以及祷告。虽然神道教不再是一种国家制度，但是日本现今仍有成千上万个正在使用的神社。

在日语中，"Shinto"这个词包含两个象形文字或两个汉字，合在一起就是"神道"。这个词最早出现于公元8世纪左右，用于将日本人的信仰与从中国传入的佛教、儒家思想和道教区分开。

神道教中所崇拜的神的力量是神圣的。日本神道教中的"神"是一个表示尊敬与尊重的称谓，很像英文中对牧师的尊称"Reverend"和对神父的尊称"Father"。有生命和无生命的万物都拥有这种精神。这些力量也具体体现在一些令人钦佩的个人特征或行为中，包括成长、生育与生产、和谐与合作、正义与权力。神道教认为，拥有特殊美德的人是值得崇拜的，例如那些为家庭、阶级、国家、文明或人类福利做出巨大贡献的人，还有为团体或国家付出生命的人。

事实上，神道教已经超出了宗教信仰的范畴，它包含了一系列态度、想法和行为方式，现在被视为极具日本特色。神道教并没有至高无上的神，也没有像《圣经》或《古兰经》那样的神圣经文。然而，神道教所有的仪式都包括四个方面，即仪式净化、祭品、祷告和象征性的盛宴。

神道教包含道教中的一些神奇元素，如算命、占星、风水（通过地球上的一些迹象来预知或诠释未来）等。将摧毁蒙古入侵船只的暴风解释为"神风"而不是在关键时刻碰巧出现的反常大风，这便是关于风水的一个例子。13世纪，蒙古的游牧部落迅速占领了韩国、亚洲中部和欧洲的中东部，也逐渐占领了中国。他们分别在1274年和1281年两次试图征服日本，但他们的舰船两次都因恶劣的天气而无法前进。在第二次入侵时，神风又出现了，它摧毁了舰船和大批入侵军队。蒙古人再也没有进行过第三次入侵。

1871年，明治政府将神道教尊为国教，以作为社会和政府的精神根基。佛教暂时被禁止，但该禁令被认为是无法执行的，很快就被撤销了。当今，绝大部分神道教教徒有佛教、神道教双重宗教信仰。所有神道教神社都由政府和按功绩选拔出的神道教祠官接管。直到1945年，美国占领日本，神道教才被世俗化，不再是国教。在日本之外，人们认为神道教是日本极端民族主义派系的同义词，与日本的军国主义和天皇崇拜有关，西方人认为这是违背自然规律的。

信仰神道教是日本拥有强烈民族自豪感的主要原因。早期，神道教教导日本人，他们都是神的后裔，因此日本人与其他凡人不同，显然是一个特殊的民族。神道教还任命日本天皇为人们的神官，以神灵的名义来统治国家。神道教与其他学派共存长达几个世纪，但在19世纪70年代时被定为国教，其教学活动均在政府控制之下开展。在神道教的统治下，天皇承担两个角色。第一，他是日本的天皇。第二，他是神道教的神官。在后者的角色中，他是被神化的，人们被教导并相信他便是活着的神。

现在，神道教不再是日本国教。尽管神道教对社会已经不像第二次世界大战前和期间那么重要了，但它始终对日本文化和商业有着重要的和长远的影响。现在，神道教的神社是独立运作的祭拜场所，通常由当地重要的家族、社会团体或企业来管理。神道教神社协会为日本各地的神社提供指导和协调。

神道教是日本商业体系中的重要组成部分。除了可以鼓舞工人们忠诚、合作和服从权威外，生产食品、衣服和帐篷，丰富日本文化，改善日本社会和民族的每一项活动都与神相关。因此，所有商业活动都是好的，只要它们有助于提升日本社会的整体幸福感。神道教认为获得物质财产是崇拜神灵而产生的自然结果，所以应该受到鼓励。另外，出于自私或以伤害他人的方式运用财富是不好的。

—— 早期的商业实践和商业制度 ——

日本最早的商业活动首先是部族和家族活动的产物，之后由幕府时代的将军或天皇垄断。到12世纪，大多数土地是由有权势的家族直接所有或掌控的。剩余农产品和工艺品归土地所有者，他们根据自己的意愿进行交易或出售。

大化革新后，土地由国家掌控，然后国家将土地分配给农民和工匠。在接下来的几个世纪，越来越多的土地不再由国家掌控，并被赋予免税优惠，因此私有化进程到12世纪时已基本完成。与复杂的什一税及其缴费体系的最终结果相比，商品流动只占国家税收体系的一小部分。在税收体系中，最底层是农民，之上依次是工头、地方领主、在外家族或寺庙的地主，最上至朝廷中有权势的保护人，他收取一定的费用，以保证土地享有免税的优惠。

同期从韩国和中国传入的金属制造和纺织技术对日本整体经济有着重要的贡献。特别值得注意的一点是，尽管日本文化是在外来文化基础上发展起来的，但日本人将它调整为真正适合日本的文化，并至今都为此感到自豪。

大约在4世纪或5世纪初，日语开始使用汉字。如果想了解日本早期发生的事件，就一定要阅读中国或韩国的资料。日本工匠在借鉴的基础上对外来文化包括对汉字的运用，加以改进。很多汉字被简化，它们在日语中的意思也与在中国的不同。其他的则被用来表示特定的声音，而不是整个词义。

日本工匠还改进了从中国和韩国引进的技术。例如，钢铁制造技术是从韩国引进的。但是在约一个世纪的时间里，日本制造的钢剑就被认为是全亚洲最好的，在中国和其他地区都能卖到很高的价格。日本的铁匠也掌握了青铜铸造技术，在12世纪和13世纪制造了大量青铜佛像。现在，他们也保持着很高的水平。其他引入日本并得以改进的技术包括编织和刺绣技术、造纸技术和木版印刷技术。

在德川时期，农民需生产大量剩余产品，以负担朝廷收取的年贡。封建领主需要维持两处住地，一处位于首都江户（日本东京的旧称），另一处位于他们的乡村田地。领主和他们的侍从被要求在江户和庄园中轮流居住。当他们远离首都的时候，他们的妻子和孩子就需要待在江户，作为领主勤于职守的担保。朝廷不断增加的年贡将领主的农民逼得苦不堪言。产品被运往各个主要城市，特别是供应和销售给江户和大阪。

最终，许多家庭被迫增加收入。他们通过收集、储存和分配自己的商品，或者通过资助他人帮他们增加收入。到15世纪末，日本现代商业经济已涌现出许多商业企业，其中包括银行、制造商、零售和分销商，以及仓储、分类，甚至大米期货交易。新兴企业的所有权通常属于创始家族，但越来越多的日常业务都移交给了被信任的员工。这些员工终生为企业工作，这体现了儒家思想中"忠心"的理念。日本早期商业体系的运作方式很像一个大家族。

日本最早出现的真正的商人被称为问丸，他们是批发商。这些商人在日本较大的港口储存、运输、销售商品。许多问丸加入了手工艺人和工匠的贸易行会。随着财富和权力的增长，他们获得了特殊的垄断特权，甚至可以就免除关税进行谈判，就像武士阶层可以通过谈判免除纳税一样。

因此，日本早期商业体系从国家垄断演变为个体企业家或者委托中间商。商人处于社会地位阶梯的最底层，这种情况一直持续到武士从商。商业是唯一对封建武士和领主敞开的行业。人口压力增大降低了武士和领主的米税收入，他们更加需要稳定的收入来向朝廷支付年贡。这些加入贫困武士阶级的早期商业领袖发现，从商并不像老派有闲阶级所描述的那样不体面。当武士从商后，他们将独特的佛教思想引入商业，包括遵守承诺、对供应商和顾客忠诚以及力争通过努力奋斗获得成功。这些理想和信仰也被非武士商人所接纳，其中很多至今仍影响着日本的商业管理方式。

武士的传统

早期，武士在地方执政，之后逐渐走入朝廷，在朝廷担任专职保镖及宪兵。其中源义家（Minamoto Yoshiie）是值得一提的武士之一，他参加了十二年战争，成功镇压了安倍氏家族的叛乱。源义家在这场战争后被封为最佳武士，他勇敢且忠诚。在这之后，许多有权势的氏族宣誓效忠源义家，并给予他大片的土地，以报答他的保护之恩。

中世纪时期，武士阶级最终建立了军事政府（亦称幕府），掌控了一切权力。幕府一直有效地控制着日本，直至1868年明治维新时天皇再度执政。当武士不再是战士时，他们将大量时间用于狩猎和军事训练，过着日本人所谓的与弓和马相伴的日子。对武士而言，以自己家族为傲并无条件地效忠君主是行为准则的关键价值。这种早期的行为准则衍生出武士道法则，它规定了武士的各种行为。

镰仓时代中期，武士在各地的农村立足。农耕方式的进步提升了农业产量并解放了更多的农奴，使他们可以学习成为手工艺人或工匠所需的技能。他们就像农奴一样依附于土地。

结　语

日本在进入封建时期后，建立了稳固的知识和精神基础。佛教和儒家思想逐渐演变为它们特有的日本形式。日本本土的神道教最终体现了韩国和中国的文化输入。在这些文化中，重要的是它接受了孝道和对君主的绝对忠诚。

儒家思想更像一种哲学，它的基本理念或多或少保持不变。佛教沿着几个不同的道路发展，其中较为重要的是禅宗。禅宗强调的是武士般的品德、自控、对上级的忠诚和自我牺牲的美德，这与武士哲学几乎是一致的。

从10世纪开始，由战士组成的武士阶级崛起，他们在地方担任庄园管理人、警察和政府官员。他们十分勇猛，但在政治上不够成熟。最优秀的武士仍是帝都或离帝都较近的朝臣和宗教领袖所控制的等级体系的中层人物。12世纪90年代，幕府的建立改变了武士的角色。

最初，武士是农民战士，类似于美国的民兵。然而，随着封建时代的发展，武士作为农民的角色越来越淡化，而是更多体现了职业战士的一面。1603年，镰仓幕府时代结束，德川时代开始，传统的武士角色就完全改变了。武士的立场未变，但他们的理想是成为商人，并使全社会趋于同一标准。

第9章

镰仓与足利／室町幕府时代的商业

镰仓与足利时代开始于1185年，1600年前后结束，这两个幕府统治日本帝国近500年。在这个时代早期，权势薄弱的日本天皇仍在本州岛西部的京都掌权。在这个时代的前半期，即1185—1333年间，幕府将军在本州岛东部沿岸的镰仓村统治拥有军事实权的政府，他们多次率军成功击退了蒙古侵略者，但也为此付出了沉重的代价。最后一场战役结束后，"幕府将军可以带来神圣庇佑"的信念开始在日本盛行。

老百姓不论贫富都连年遭受了严重饥荒，经济恢复缓慢。尽管经济困顿，但日本天皇仍有能力频繁资助所任命的地方行政官。日本天皇势力得以在京都恢复表面上的皇权，但不足以重获地方大名和氏族首领的支持。最终，一位极富权势的将军向软弱的朝廷宣战，皇权政府无力抵御，被迫于1336年离开京都。

如前几章所述，在幕府政权更迭的几个世纪中，日本封建社会结构的演变与欧洲早期的模式相似。日本的封建制度大约在14世纪中期形成，而欧洲封建庄园制度早在13世纪就开始建立，并在14世纪时稳固确立。日本封建制度不仅起步较晚，而且持续的时间更长。日本封建制度直至19世纪早期才彻底被废除。而早在16世纪，西欧大多数地方就已经废除了封建庄园制度。

日本封建制度也有很强的军事色彩，以至于当时的军事政府经常被称为封建幕府。在日本封建时期之前，日本岛上氏族之间冲突激烈，经常爆发地方战争。最终，部分氏族势力强大到足以互相竞争，甚至挑战忠于天皇的氏族，起初是为了争夺地方统治权，最终是为了争夺整个国家的实际控制权。在11世纪至14世纪发生的一系列战役中，效忠天皇的部队最终被击败。

—— 镰仓时代 ——

1133年，源赖朝将军率领的军队控制了天皇，他自封为幕府将军，亦称最高领导者。天皇虽没有被正式废黜，但不再掌控任何政府或财政实权。皇室依靠幕府给予的极少津贴生存。天皇被迫脱离民众，成为幕后角色。天皇仍是神道教的最高神官，但在统治国家方面只是一个傀儡。

1180年，日本最强的两大氏族是平氏和源氏。早期，源氏曾被平氏军队击败。1185年，源氏首领源赖朝和他的弟弟源义经打败了平氏军队。源赖朝终结了氏族战争，并在江户西南的小海港城市镰仓建立了军事政府，即幕府。源赖朝的权力无法支撑他建立类似于中国的中央集权政府，于是他建立了以军队首领为日本各省地方行政官的制度。软弱的皇室任命源赖朝为征夷大将军。征夷大将军是授予在北边岛屿上与阿伊努族人作战的军事领袖的头衔。源赖朝是首位终身征夷大将军，继任的幕府将军皆袭用征夷大将军之官位。他们一直掌权至14世纪，之后室町幕府取代了他们。

日本武士政权从此崛起。它开始于源氏军队击败了天皇军队，并且建立了一个军事政府，或称帷幕政府。源赖朝于1192年正式被天皇任命为幕府将军。幕府将军的意思即为军事统治者、最高指挥官。在镰仓军事统治下，佛教禅宗在竞争中占据了主导地位。日本很多著名的禅宗寺庙都是在这个时候建成的。

禅宗影响下的商业

日本禅宗文化在镰仓时代后半期发展壮大，在 1333 年至 1573 年足利幕府时期达到顶峰。禅宗的基本信仰是遵循严格的身心戒律，并立刻、完全顺从命令。这些武士品格让武士在新兴的商人阶级面前自恃高人一等，但是他们很快就沦落到需要依赖向富商和富农借款生存。武士宣誓效忠于他们的领主，作为回报，他们获得了大米的税收补贴。他们可以变卖大米或与粮商交易，换取现金或其他物资。但因长年和平无战事，武士的影响力和俸禄逐渐缩水。

禅宗的影响力在三个相关的文化维度上有所体现。第一是艺术，第二是态度，第三是对美的构成要素的理解。禅宗起源于传统佛教，其教义与传统佛教差异不大，二者所强调的观点不同，但实质是相同的。禅宗认为，学习经文并不能帮助人们开悟或觉醒。但禅宗并未禁止经文学习，只是将其归为次要活动。

禅宗强调的控制最初表现在射箭和击剑上，但最终以对死亡的轻视而告终，超过了任何其他宗教教义宣导的控制能力。禅宗对"纯粹"美的关注导致了一种简单、基本且原始的不对称艺术。克制与低调是美德。禅宗赞美有历史印记的物件，认为陈旧磨损是宝贵的特质，而应避免使用崭新的物件。

早期的商业体系

此时的商业仍处于初级阶段。直到 13 世纪，大多数日本农民还是依靠耕种和从附近的大山、森林、小溪和海洋中获取食物为生。在满足了自己的基本生活需求之后，他们用少量富余的大米和其他产品交换他人制造的东西，如陶器、铁锄、水壶、锅具、木制品等。在封建制度下，所有日本农民隶属于他们的领主，就像欧洲的农奴归属于他们的贵族主人一样。农民的产出属于大领主，即大名所有。大名管辖他们生活与工作的地区，并只对幕府负责。

在当时，地方行政官员雇用的工匠与外出寻找经济机会的工匠满足社会上的绝大多数非食物需求。最后，许多人定居在拥有稳定市场的地区。都城、港口、地方行政中心与寺庙城镇吸引了许多工匠定居。这些工匠和制造商为贵族们提供了所有生活必需品，如鱼类、蔬菜、水果、木炭、草席等商品。后来，很多商人开始专营一种或几种商品。不久，同一行业的商业团体经常聚在一起商谈共同关心的问题，例如如何维持价格、如何避免残酷竞争、如何把控质量等。在11世纪的最后几十年，这些非正式商谈逐步演变为正式的行业协会，其运作方式和目的都与欧洲的行会基本相同。行业协会提高了其成员的生活水平，建立了质量规则，发展了学徒制度，并提供了许多重要的社会服务功能，如保险和抚恤金。

贸易的重要性

在13世纪上半叶，贸易为日本经济做出了重要贡献。日本本土市场变得越来越重要，商人也采用了汇票等创新商业模式。由于大多数贸易都是奢侈品交易，只有富裕地主才负担得起，货币经济开始发展。铁的产量增长，但是农民无力购买昂贵的农具。在此期间，除了国内贸易的增长，日本与中国和韩国之间的贸易也有所增长。不久，中国商人在日本北部港口建立了固定的贸易中心，将从中国运来的瓷器和其他商品运往日本的所有城镇和村庄。贵重的中国产品，如昂贵的丝绸，用来交换日本的刀剑、硫黄、黄金、白银和木材。很快，日本商人就开启了到中国和韩国的贸易之旅。

大部分货物和几乎所有大宗商品都是通过海运船舶在日本列岛沿线往来运输的。因此，港口城市在镰仓时代迅速发展。最重要的港口城市位于日本、中国、韩国之间的内海。运往奈良与京都附近旧都区的大米、木材、纸张、食盐和鱼类等产品都由兵库港供应。不远处，镰仓的新都城面朝太平洋，所需物品直接海运送达。

海上运输在这个时期变得非常重要，新职业问丸也因此兴起，加速了海运发展的进程。他们负责监督船长、船员、码头工人，并提供货运仓储服务。一些问丸使用马车或牛车在当地提供送货服务。这个时期出现的另一项新发展是运输货物的船只。其他船只（类似于我们今天所说的私家船只）也加入了，只运载他们自己的货物。几乎所有陆路运输都依靠农民或商人的马车，且仅限于海运货物提货和配送以及短途运输。直到镰仓时代晚期，特殊的合同货运服务商才出现。

镰仓时代的贸易量在 13 世纪下半叶急剧减少，一方面是因为幕府将军限制了其地方行政官的借贷，另一方面是因为 1274 年和 1281 年蒙古的入侵。虽然蒙古的第一次入侵失败了，但日本不得不在防御工事上投入大量资金，资金无法收回。第二次入侵也失败了，但失败的原因却大不相同，是因为飓风袭击了入侵军队。

货币的重要性与日俱增

自 13 世纪中期开始，硬币开始在日本各地广泛使用。那时，大多数硬币是从中国进口的，但是不久以后，幕府将军就建立了自己的铸币厂，并发行了铜币、银币和金币。到 13 世纪末，大部分贵族和寺庙的大部分工资、薪俸和津贴都是用硬币而非实物来支付的。铜币非常重要，因此可以从中国出口的硬币总数受到了严格控制。

根据历史记载，日本第一张汇票出现在 1279 年。汇票赋予了持票人在镰仓都城收款的权利。大约在同时期，大量放贷人涌现。这些人还是典当经纪人，为贵族客户服务。

镰仓政府完全是一个军事组织，所有权力都来自典型的儒家等级制度中的幕府将军。1984 年，瓦利认为，幕府政权代表日本一种全新的政府形式，与传统的朝廷朝臣制度大相径庭。天皇朝廷在幕府的掌控下运作，甚至仍可任命地方行政官。地方行政官与幕府指派的军队统帅协同工作，但幕府大将军掌握最终决策权。军队统帅很快被任命为武士，从而缓慢地推动日本走向了真正的封建主义时期。12 世纪末，日本封建主义的残余在镰仓幕府统治下开始显现。在源氏的统治下，封建统治很快在社会各个阶层牢固确立。

最终，幕府将军的头衔不再仅仅是一个军衔。日本幕府将军开始完全统治这个国家，逼迫天皇退居幕后，仅行使仪式职责。天皇有名无实的状态持续了700多年。源氏在镰仓建立日本首个军事政府是为了避免皇室的潜在影响。

镰仓政府并不是一个真正的国家政府，而是一个旨在掌控武士军团的军事组织。这些武士并非都是源氏家族成员，其中最重要的是约200名最有权势的氏族首领，即大名。所有武士都效忠于幕府，而非天皇。这些忠诚的武士没有被任命为行政官或官僚政府官员，而是被授予了类似庄园管家的职位。他们负责管理农田、村庄和所有经济活动，并在幕府将军的个人意志下在不同庄园之间轮职。幕府武士因此有效地控制了社会各个阶层，进而掌控了整个国家。

大名武士统治所有农民，这些农民是庄园的农奴。幕府将军控制朝廷的支出。朝廷运营的资金来源于幕府将军和武士上缴的大米税。这是日本当时所经历的最高效的中央集权政府。然而，日本各阶层的民众很快就意识到，真正的权力由镰仓政府掌控，而不是朝廷。民众便不再服从天皇领导，转而服从幕府将军，天皇被迫居于次位，仅承担仪式上的职责。

日本的封建制度

镰仓时代的日本封建制度与欧洲的封建制度有两个不同之处。第一个不同是，日本封建制度出现得比欧洲晚，这可能是由于日本地理位置孤立，缺乏大的军事威胁。日本封建制度持续的时间比欧洲长。天皇和幕府共存的体系日益完善，但镰仓幕府仍保留了天皇旧制下的地方管理制度。

直至16世纪晚期，在足利时代（1336—1573）即将结束时，日本的政治制度和土地所有制与12世纪的欧洲愈发相似。在足利幕府掌权期间，日本社会呈现出一个完全的封建社会的面貌。日本封建体制得到发展，并持续到19世纪中期其边境开放。

第二个不同是，欧洲封建制度基于罗马法律体系建立，强调各阶层中的个体的法律权利和义务。因此，这意味着农奴和地主之间存在着一种契约关系。虽然日本在某种程度上存在法律基础，但儒家思想中强调的阶级伦理关系仍占主导地位。日本封建制度的个人义务更多的是道德层面而非法律层面。在日本，执政到位被视为一种道德义务。权威和忠诚都是绝对的。

日本封建制度发展相对较晚，日本伦理基础具有儒家特色，这两个因素使日本具有了独特的商业形式，并且赋予了日本商业领袖与众不同的特质。美国前驻日大使埃德温·赖肖尔（Edwin Reischauer）曾在1970年评论了日本封建制度对其商业的现代影响，他说：

> 由于日本经历了长期的封建统治，因此近代日本的封建印记很重也就不足为奇了。这从19世纪晚期日本强大的军事传统中可见一斑。直到20世纪30年代，人们还无意识地假设军人往往比平民更加无私、更加诚实，因此他们有权拥有政治威信。甚至至今在日本社会都普遍存在老板 – 客户（雇员）或师 – 徒关系模式。武士的两种突出品质，即斯巴达式的对苦难甚至死亡的漠视和坚定不移的忠心在日本人身上十分常见。

日本军阀

10世纪和11世纪，一些强大的独立军阀在混乱的战争中崛起。他们在与弱势邻里的交战中获胜，或通过联姻增强势力。从那时起，与富商女儿联姻的现象变得十分普遍。势力强大的武士也很快开始为统治权而互相斗争。最终，他们用鲜血冲垮了镰仓制度，也为日本封建制度的最终瓦解埋下了种子。

镰仓制度运行了150多年，是日本历史上持续最久的稳固政权之一。然而，就像欧洲封建制度一样，日本的封建制度终有停摆的时候。只要源氏幕府任命的武士维持相对团结的小团体，忠于团体成员并忠于幕府，封建制度事实上就仍然存在。但随着时间的推移，建立在家族和战友关系上的忠诚逐渐消失。武士分散在日本各个地方，地方关系、新家族和本土情谊逐步掩盖了古老的忠诚。

在武士对镰仓幕府的忠诚度不断降低的同时，日本人口总数在上升，武士也越来越多。武士所拥有的土地在分割给子嗣继承后变得越来越小。因此，14世纪初，很多武士无力资助更多的依赖土地生存的农民，更不必说那些没有生产力的武士了。越来越多的武士认识到生存维艰，并且还要向领主上缴米税，于是政治动荡和混乱再次出现。很快，武士放下旧时的荣耀和尊严，开始向生存屈服。到了15世纪，中央集权开始瓦解。

在镰仓时代后半期，由于引进了新种子、增加了鱼类肥料用量、改进了灌溉方法，农业生产收益大幅增长，经济活动普遍增多。在14世纪和15世纪，尽管大多数企业的规模仍然很小，但一些商人仍获得了大笔财富。在农作物收获期之间，他们的资金被幕府将军用来资助政府。这种资助相当于借款，而不是税收。这个时期，政府不再对商人的利润征税。

同样在这个时期，城镇和城市在规模和数量上不断增长，其中大部分都集中在距离首都不远的地方，或建立在日本海和太平洋沿岸的新港口。当时，商业发展是推动城镇发展的最强大动力。贸易变成了区域间的贸易，大多数商品通过海上运输。当时，各大名管辖地区之间开设了许多征收费用的关卡，导致更多货物通过船只海运至沿海商人手中。

—— 足利／室町时代 ——

镰仓时代的军事政府和南北战争过后是室町时代，亦称足利时代。

内部纠纷、朝代更迭时的斗争与穷困大名之间的战争导致了镰仓幕府的资源、财力在 100 多年间持续削弱。因此，到 1333 年时，镰仓幕府已无法维持对军事政府的掌控，天皇被谋杀，幕府将军自杀身亡。在随后出现的权力真空中，各敌对势力为争夺政权激烈竞争，镰仓政权土崩瓦解。

足利氏族在这场混战中夺得政权。1338 年，原为武士战争统帅、前任帝国总参谋的足利尊氏被任命为幕府将军。他没有回到位于镰仓的幕府，而是将新的军事政府中心建立在京都市的室町地区。因此，这个时代的后半期被称为足利时代或室町时代。在这一时期，日本的人口、商业活动和多领域对外贸易发展迅速。但幕府孤立主义政策使日本的对外贸易完全停滞，因此了解日本商业与贸易的演变过程是十分重要的。

1368 年至 1408 年间，在第三代足利幕府将军的领导下，足利幕府的权力和影响力达到了顶峰。虽然第三代幕府将军未能成功篡夺天皇的宝座，但他的势力已经足够强大，1402 年，他被中国明朝的朝廷称为日本国王。他拥有一支由 25 000 名步兵和近 3000 名骑兵组成的军队。他的势力比当时八位最有权势的大名联合起来都更大。之后，他的三个儿子继续在京都领导幕府。

在足利/室町时代，日本人口开始增长，从 13 世纪末期的 600 万增长至 1450 年的 1000 万。大部分人口增长发生在日本西部和中部的村庄和城镇。虽然出现了 50 多个新城镇，但人口超过 20 万的京都仍是当时最大且最具影响力的城市。农业生产力、早期工业和国内外贸易的发展是人口增长的主要原因。此外，尽管其间时有农作物歉收和农民起义发生，但人口仍在持续增长。

农业的发展

由于仍有 80% 的人口从事农业，新发明最早出现在农业领域也就不足为奇了。新发明的主要贡献包括铁制工具的普及，养殖更多的畜禽，使用更多、更好的肥料（如草木灰），提高畜禽粪便的利用价值。水车的发明是农耕技术发展的体现之一,可以使灌溉变得更加便利。

农耕方式也在发生变化。这得益于种植体系的变化,其他谷物的种植也促进了传统水稻的种植。新体系要求两块土地同时作业,其中一块土地的土壤被转移并撒到另一土地上,这样既可以在水稻田中培育水稻,也可以在旱田种植其他谷物。土地的深度利用简化了水稻种植,化肥的使用提高了水稻的产量。那个时期,天气干燥,阳光充沛,优越的气候环境有助于产量的提高。农民原来每年种植单季稻,现在在一些地区,每年甚至能够种植双季稻、三季稻,大幅增加了食物供给,提高了收入。更重要的一项革新是日本引入了韩国的水稻品种。这个品种更加耐涝、耐旱、耐病。虽然这种水稻产出的大米据说没有传统的日本大米口感好,但它能在洪涝、干旱等灾害时存活下来,大大降低了因作物歉收而出现的饥荒导致的死亡率。

工业的发展

1280年至1450年间,日本工业的发展有两个方面的原因:第一,人口的增长;第二,与中国、韩国的贸易增长。人口的增长意味着更大的食物供给市场和早期市场中出现的非食物产品,如富有的地主和地方军官所需的奢侈品。

熔炼工艺和畜力牵引风箱的引入提高了铁制品的产量和质量,工具和武器更加结实耐用。日本刀剑在中国市场需求旺盛,是日本与中国的主要贸易项目。越来越多的优质铁制工具提高了农业和建筑业的生产力。其他制造业产品包括日本工匠生产的陶器(在中国和韩国受到热烈追捧)、锯子等其他木工工具、渔船和商船、优质的渔网、木材制品。随着日本沿海与中国大陆贸易的持续增长,造船业也越来越重要。尽管国内贸易在这个时期不断扩大,新建了100多个固定交易市场,但日本的内陆运输并没有改善,主要原因在于地方武士征收高达货物价值的10%的通行费。此外,海盗和强盗仍对商业运输造成极大的威胁。

贸易的发展

国内和海外贸易在这个时期都有了显著增长。多种与物流相关的行业的发展支持了贸易的发展。除了造船工人、船长和船员外，码头工人、仓库工人、承保人、货币兑换商、借贷人、商店店长、商品交易员、记录员和书记员、报关员和代理等支持国际贸易所必需的技能和职业的人都在扮演着必要的角色，以支持和帮助发展中的城镇市场和港口贸易。遗憾的是，这个时期商业基础建设取得的成效在公元1600年后都荡然无存，因为贸易和经济的增长被孤立和经济停滞取代了。

—— 一个时代的终结 ——

1441年，足利义教被刺杀，幕府将军领导的强势军事幕府统治开始衰落。足利义教的儿子被任命为幕府将军时只有七岁。他在成年后曾尝试调解大名家族间的矛盾，但以失败告终，他甚至无法平息本族关于继承权的斗争。1467年，为了争权夺位，各继承人的拥护者发兵至京都逼宫，引发了长达十年的应仁之乱（日本室町幕府时期封建领主间的内乱）。这场战争打出了敌对军阀之间百年激战的第一枪。有的军阀统领了50 000名野战军甚至更多的士兵参战。

在应仁之乱中，各路军队为了夺取室町幕府的统治权开战，最终国家机器接近停摆，连京都都脱离了幕府将军军队的控制，地方大名之间的斗争日益加剧。16世纪30年代，足利幕府因无力阻止层出不穷的南北战争而退出了历史舞台。因无上层势力镇压地方大名，他们巧取豪夺，不断向地弱小邻国挑起战火，竭力扩张自有领土。

尽管战争不断，但是日本人口一直在增长。至16世纪末，日本人口估计在1500万~1700万之间。大部分增长出现在城镇与城市。法里斯（Farris）发现，在1600年前的150年间，日本新建了150多座城镇，其中包括67个政府中心、51座寺庙及神社城镇、47个邮政中心、26个港口城市和11个交易中心，使日本成为当时世界上城市化程度最高的国家之一。这种增长离不开农业和工商业的发展。

农业生产的进步主要受益于水稻田的大面积种植。大米是日本农民和工匠的主食，庞大的常备军也需要粮食供给。

城镇的发展意味着公共设施和私人住宅的扩建，这又刺激了对建筑材料、有优良工具的熟练工匠以及资金的需求。铁制工具在生产和利用率上的进步始于足利幕府倒台前，一直延续至频繁战乱年间。贵金属的产能也有所增加，交易的利润用以支付陷入战争中的大名旗下的庞大军队和武士们的巨额支出。尽管铁具生产和金属制造技术有所提高，但是日本工匠仍然不知道如何制造枪支。自1543年，葡萄牙商人和传教士开始在日本活动，日本军阀急需的火枪便是由他们提供的。

结　语

12世纪至15世纪这500年间，日本经历了残酷的封建战争，遭受了饥荒，也暴发了疫情。在农业、工业和贸易发展的推动下，这500年也是人口和经济增长的时期。1441年，足利氏族首领遇害，足利幕府开始瓦解。随后，为了争夺京都幕府的统治权，各敌对势力联合其支持者发动了长达十年的战争。随着幕府的破产和军事权力的丧失，幕府将军任命的地方军事统帅发现不能再指望地方政府的财政拨款。迫于生存，他们必须设法谋求自己的利益。天皇和幕府均失去了统治权，不再掌控权力，二者地位被削弱。这也威胁着拥有土地的领主，即守护大名的领导地位。15世纪下半叶，守护大名逐渐被战国大名和土地领主（控制大量领土和附属藩国领土）所取代。他们形成了完全独立的藩国，各自为营，为争夺更多的土地和控制权而争斗。由此开启了长达400多年的大名战争、堡垒建造和领土巩固。

随着封建藩国在战争中获得了更多的胜利，他们需要更多的现金来维持其对军队和领土的管理。于是，军事中心成了经济中心。大名通过贸易获取所需资金。在一些具备条件的地区，金矿、银矿和铜矿的开采日益重要，促进了工业技术的发展，土地所有者也获得了巨额财富。在其他领域，新技术的应用推动了农业集约化经营。新化肥大幅提升了农作物产量，灌溉用具以及染料植物等新型经济作物也增加了大名的收入。商人和工匠聚集在城镇，他们的经济地位与领主一样有所提升。日本与中国的贸易往来大幅增长，新产品、新方法和新风俗也得以引入，其中最重要的是因日本首次广泛使用中国铜币而兴起的货币经济。

足利幕府灭亡后，随后的 100 多年间战争持续爆发，但战争对同期的商业贸易的发展几乎没有负面影响。大名们不仅参与了这个时期的商业活动，也从其发展中获益。

第 10 章

德川时代闭关锁国下的工商业（1603—1868）

德川时代也称为江户时代，从1603年开始，一直持续到1868年，也是在这一年，日本终结了孤立主义政策。这是日本最后一个封建幕府。这一朝代的创立者德川家康，是16世纪末爆发的一系列南北战争的胜利者。德川家康在江户村建立了他的军事政府，江户村位于现在东京湾最上端。在之后的几十年里，江户发展迅速，这在一定程度上得益于第三任德川幕府将军的敕令。这一敕令规定日本所有的270个氏族必须在首都建造房屋并居住。直到1862年，氏族首领必须将家安在江户，而他们自己必须每隔一年回到庄园里监督农业生产。在任何一年，只要有一半封建领主聚居，当地就会迅速发展成为重要的商业和政治中心。富有的领主带着成千上万的家臣和侍从来到江户，这些人需要各种各样的服务，如新鲜食物、新衣服和新房子、纸张、玻璃、皮革制品、兵器等。

德川幕府建立了一个在很多方面与欧洲封建模式类似的政府体系。宗族首领成为世袭的封建领主（也称为大名）。大约250位大名管理着幕府将军授予他们的地产。领主拥有对当地种植水稻作物的农民征税的权利。反过来，大名负责维护当地的法律和秩序。军队的士兵和武士是大名执政的坚强后盾。在非战争时期，武士会担任农场监督员、文职人员、行政官员和类似的官僚职位。德川幕府将军是这些封建领主中最强大的，为筹得足够资金来保证自己的家族和国家政府的运转，他们对封地征收的税最多。

大名只被允许对每年的水稻作物征税来筹集资金，以保证行政运转。在全部作物的产量中，大名分得的份额接近30%，另外约10%分给了大名的武士，农民自己拿到的一般不超过20%，剩余的部分属于幕府首领。

—— 不断变化的经济 ——

德川时代出现了由富农、商人、政府部门的武士和大名组成的阶层。当时的日本是一个城市社会，例如到了1800年，日本拥有的大城市比世界上任何其他国家的都多。富人越来越多，对奢侈品的需求越来越大，当地手艺人和匠人满足了这一需求。在这个过程中，第一批商业企业家崛起，成为新的商业创新者。在19世纪60年代幕府统治结束后，他们成为商业领袖，拥有介入和控制整个商业体系的能力和欲望。这些商业领导者成就了日本的第一次经济奇迹。

武士的新角色

德川时代之前，武士更像平民士兵，他们在和平时期种地，但在需要他们的时候，会跟随领主上战场。然而，15世纪的战争发生了革命性的变化，彻底改变了武士的角色。年老的农民战士不得不沦落为专职的农民。这种改变非常明显，从那时候起，农民被彻底禁止参战。武士们撤退到有城墙的城市和城堡之后，腾出了更多可以用来防御的土地。普通武士虽然拥有的土地减少了，但拿到了固定收入，收入的多少将基于每年出让土地的多少决定。

随着和平时代的到来，武士需要充当战士的时候越来越少了，他们开始从事其他工作，如警卫、警察和小职员等。1981年，比斯利（Beasley）引用了17世纪一位宫廷作家的话，描述了德川时代武士的新职责：维持区域内的和平和秩序，监督仪式和节日，管理国家、地区、森林、河流和港口，监督农场、稻田、寺庙和神社，在社会四大阶层之间的诉讼中主持正义，等等。在肩负这些职责的同时，武士们还被要求在衣着、住所、食物和用具等方面遵守社会传统和规则。

最终，武士被分为不同的等级。最高等级是那些与领主家族联系密切的人，要么是亲戚，要么是长期侍从。有些武士特别富有，通常有自己的土地。第二等级是那些由于某种原因被排除在最高等级之外的人，这些人虽然在地位和特权方面与最高等级平等，但很少拥有土地。第三等级是那些权力较小的武士，一般担任步兵或小职员。他们没有土地，而且很多情况下只是名义上的武士。这三个等级之间流动性很小，等级往往是与生俱来的、固定的。

在这样的社会中，每个人的地位都是牢牢固定的，并通过关于穿着、谈吐、教育、居住地等特定规则加以强化。当时占主导地位的儒家思想为这一制度提供了进一步的理论基础。在儒家思想中，所有的关系地位都是严格界定的：妻子服从于丈夫，儿子服从于父亲，家仆服从于领主，而且必须服从于统治者。违背这些规则会给个人带来羞耻，往往只能通过自杀获得救赎。

这种等级森严的制度将儒家的服从与佛教的忠诚和自我牺牲观念结合起来。孝顺和忠诚也成了早期勇士的行为准则。这种新的哲学演变成了武士道，即武士的守则。为效忠领主而死是忠诚的最高境界，被认为是一个宗教救赎的结果。在和平年代，没有必要做出这种牺牲，为领主无私奉献、勤恳服务具有同样的价值。学习、培训和节俭都是有价值的。

水稻作物的重要性

　　水稻作物是日本经济的重要基础。大名通常雇用商人来储存、运输和销售他们每年的所得。大名通常要求商人预付资金，以应付下一年的收成。这是日本银行体系的雏形。商人们扩大了他们的活动范围，同时也经营其他地区和庄园的剩余产品。皮革制品、木制品、稻草制品、服装、陶瓷制品、米酒和其他农产品都是由领主的工匠生产的。这些产品是大名的财产，他们通常占有销售收入最大的一部分。更重要的是，大名没有必要与唯一拥有征税权的幕府将军分享收入。一段时间之后，许多大名发现如果他们从种植水稻转向种植更有价值的作物以及制成品，他们的收入就会快速增加。

德川时代村镇的贸易

　　这个时期的村镇是一种依附于土地的农民的聚居地。每个人都耕种着一大片土地来养活家庭，剩余的收入都以课税的形式交给领主。这是封建统治者维持统治地位的理想方式。然而，17世纪早期，这一体系开始崩塌，主要源于三个变化。一是农业生产本身，农业技术的进步使生产同样数量的粮食需要的农民更少。二是商业贸易经济的出现，这源于储存、运输、处理剩余农产品的需要，同时确保向越来越多的非生产部门提供足够的供应。第三个变化与前两个直接相关。由于土地需要的农民越来越少，许多农民为了生存不得不离开土地。再加上商业经济的发展需要一个中心以及仓库、港口、公路、零售商店等商业基础设施，因此城镇和城市的数量迅速增加，规模也迅速扩大。

　　16、17世纪兴起的商业经济是由庞大的武士阶层推动的。武士不仅需要基本商品来养活其大量的家仆，而且需要大量奢侈品。同时，富有的大农场主和小块土地的耕种者都被迫越来越多地转向货币经济。水稻作物不得不被兑换成现金。大名、武士、农民的生活成本越来越高。由于被迫向大名贷款，农民的利润在减少。物价在上涨，农民只能从仅有的对土地，如劳动力、种子、肥料、农业设备等方面的投资中挤压利润。

第 10 章　德川时代闭关锁国下的工商业（1603—1868）

商人作为大名和农民的供应者，倾向于抬高价格，这就导致农民不得不抵押其土地来购买种子、肥料和其他生产资料。肥料使用得越来越多，农民必须从商人那里购买鱼干、油渣饼等肥料。

一边是商人和放贷者的压榨，另一边是领主和武士的监管，没过多久，许多农民就失去了他们的土地。因此，出现了越来越多的劳动力，这些劳动力将支持工匠和手工艺人的企业发展成制造业。因此，德川时代的城镇和城市人口在持续增长。

为度过收割前的那段日子，许多大名及其武士开始向富有的商人贷款。穷困的武士可能会与富商的女儿通婚，或将其名号借给商业企业使用。封建时期，对于很多商人家庭来说，将女儿嫁入武士阶层成为很重要的上升渠道。

在整个17世纪和18世纪初，越来越多的土地被用于耕种，改良的种植技术和种子提高了土地的亩产量。很多人被解放出来，要么成为手工艺人，要么专业种植水稻之外的农作物。古老的"农民—村庄—庄园"三元关系发生了显著变化。随着更多的经济作物代替了水稻，商人和工匠需要将这些作物转变为新工业需要的资源，并投资贸易和海运。经济作物的两个例子包括利用油菜籽来生产食用油和利用靛蓝植物来生产纺织染料。比斯利将这一时期变化的影响总结如下：

> （德川时期早期）商业经济的发展，特别是在日本中部、南部和西部，最终导致了传统村庄结构的瓦解。这不仅使农民有了新工具、新肥料、改良的种子，而且使得自给自足比例的下降成为可能。一旦贸易范围扩大，人们将不再需要自己种植粮食。相反，……他们可以转向某种经济作物，如丝绸、棉花、油菜籽等，从而满足城市文化发展和生活水平提高带来的新需求。……这就将村镇带入了商业经济时代。

在德川时代大约250年的时间里，几个日本城市成为重要的经济活动中心，并在此期间快速发展。在1590年，江户只是一个小渔村，到

1721年就拥有了75万人口，其中大约一半是武士。大阪是商人聚集的城市，18世纪初大约有30万居民。旧都京都发展成了有40万人口的大城市。它们都是日本真正的城市，但长崎则不同，尽管其中大量的乡镇发展成当地的行政中心和集镇。由于几乎没有陆上交通体系，日本商人转向海运。

美国新闻局（U. S. Information Agency）职员罗伯特·弗勒谢姆（Robert Flershem）以日本德川时代的资料为基础，拼凑出了德川时代日本海运和贸易增长的细节图。因为地理上的孤立，贸易都发生在日本国内。17世纪，大量贸易发生在三个主要的商业和政治区域，即大阪、京都和江户。此外，为满足这些区域的供应，与国内其他城市的贸易也在发展。除了基本的水稻作物，这些国内贸易大部分集中在大名和武士阶层渴望的奢侈品。

1804—1867年，大量的大型船舶开始从事这类贸易。注册地点和船的数量如表10-1所示，从中我们可以看出远洋船舶对大名的重要性。加贺藩的船舶的数量接近它的竞争对手的两倍。表10-2和10-3显示的是加贺藩进出口的主要商品。本州岛中部西海岸的大名是重要的土地所有者，但他们在幕府政府中任职。为维持富裕生活，他们需要将水稻作物换成现金来支付进口的商品。

表10-1　　1804—1867年日本各种大型船舶的交易清单

注册地	船主的数量	船舶的数量
加贺藩	235	400
福井藩	170	210
长州和周防	165	165
越后	115	200
兵库县和大阪	100	125
出羽和大阪	10	15
松前藩	5	10
备前	4	4
萨摩藩	3	4
尾张	2	5

资料来源：Flershem，1966：183。

第 10 章　德川时代闭关锁国下的工商业（1603—1868）

表 10-2　　　　　　德川时期加贺藩的主要出口商品

商品	描述
大米	主要出口商品，农作物税收的主要部分，通过海运销往大阪
盐	由于盐产自海上，盐的生产属于区域垄断，大部分海运至北部以供当地食用和销售
米酒	海运至南部大部分沿海村镇
烟草、油菜籽、鱼肥料、胡椒、纺织品、鱼干、木材和燃料、竹产品和其他	每种商品在特定地区生产后海运至大大小小的村镇
席子、马、大豆、芝麻、烙铁、金属丝、木炭、小麦、火药、铅、鲸鱼肉和海参、棉制衣服、雨伞、亚麻制品和其他	每种商品在特定地区生产后海运至大大小小的村镇

资料来源：Modified and abbreviated from Flershem，1966：198.

表 10-3　　　　　　德川时期加贺藩的主要进口商品

商品	描述
木料	来自北海道到本州岛北部
蜡烛	来自会津藩
鱼肥料	来自北海道
大米	通常被禁止，仅有很少数量
鸡蛋	来自多个地区
黄瓜	来自会津藩
甘薯	来自九州岛
橘子	很可能来自中国
棉花，丝绸	来自多个地区
铁，金属丝，铅	来自多个地区
海产品，药品，柴火	来自多个地区

资料来源：Modified and abbreviated from Flershem，1966：198.

德川时期，社会等级制度森严。最上层是大名和他们的武士（所有领主、氏族首领都认为自己是武士）。他们是国家的职业士兵和行政官员。武士被明确禁止从事贸易和制造业。第二层是农民。他们生产大米，是整个封建经济的基础。尽管幕府将军铸造货币，但所有津贴、税收都用大米支付。

除了大米，加贺藩的出口基本上全是制成品（见表10–2），这表明早期工业和家庭手工业对经济有重要的贡献。进口商品（见表10–3）大部分是当地没有的食物和木材、金属等原材料。

工匠和手工艺人

社会的第三层是匠人和手工艺人。虽然起初没有农民重要，但他们很快就成长为企业家和工业领袖。等级制度的最底层是商人，他们的主要工作是为了追求利润，往往遭到鄙视。德川时代早期，商人和城市居民处于社会最底层，被禁止从事任何制造业；城市居民等同于商人。江户时代的日本社会仍然有武士、农民、工匠、商人四个阶层。

与英国和德国的情况类似，这些早期的商人很快就变得不可或缺，他们成为银行家以及工业企业的创始人，并在19世纪60年代之后成为日本大型国际贸易公司的领导者。

儒家思想的影响

江户时代，德川幕府将儒学推崇为武士的官方哲学思想。这一时期，日本的儒家思想已经与中国的模式大不相同了。在中国，儒家主张的社会等级包括皇帝、贵族、高级官员、绅士、平民。在日本，天皇对应中国的皇帝，武士阶层对应中国的统治阶层，农民和工匠阶层属于平民。

这一时期，儒家价值观中对日本社会各阶层最深远的影响就是对学习的热衷。从战争中活下来的武士将很多时间花在阅读和艺术上，包括书法、园艺、绘画，他们发扬了写诗的宫廷传统。德川幕府时代早期，只有武士才必须坚持忠诚、正义、礼仪等原则，农民和工匠不需要遵从儒家伦理，可以自由地追寻世俗的利益和快乐。其中一些农民和工匠变得比普通武士更有钱，而普通武士的收入受到不同历史时期所获得大米津贴的限制。富农和商人开始试图在学习、艺术等方面超越武士，但一段时期之后，他们只是简单地复制了武士的审美观。

经历了250年的和平时期，武士衰落是有原因的。他们虽然还在实践战争艺术，但已经成为社会的知识分子。强调等级差异和对领主的忠诚的儒家思想尤其适用于这一时期。日本社会成为典型的儒家封建体系，不同阶层之间的流动极为困难。随着时间的推移，许多商人、手工艺人和农民获得了很多财富。然而，在短暂宣扬之后，许多人开始接受武士儒家思想。农民和商人也被要求忠诚于他们的雇主、老板、领导以及他们的朋友、家庭甚至客户。

—— 德川时代的商业 ——

随着产品需求不断增长，出现了大型商店和新的制造企业。小生产作坊发展成为工厂和商店，批发商将业务扩展到其他行业，一些人正在转变为全面的农业综合经营。生产工人、家仆、佃农被教导要像武士那样对待自己的雇主，为他们服务。然而，武士道精神侵蚀着德川时期的社会等级制度。商人和武士在社会中受到几乎相同的尊崇。越来越多贫穷的武士迫于生存开始经商，持续动摇原有体系。19世纪末期，德川时代走到尽头，日本传统的等级制度依然存在，但已经失去了重要地位。

德川幕府建立的有序制度的特征是整个经济社会结构以每年的水稻收成为核心，这一制度早在18世纪时就开始瓦解。幕府将军要求大名有两个住所，每年携带大量随从往返于这两个住所之间，这一政策逐渐消耗了大名的存款。因此，不久之后，大名除了向农民加税之外别无他法。一些大名开始提倡在他们的土地上种植比水稻更有价值的作物，也开始越来越依赖当地的商人、经销商和放贷人。因此，大部分经济活动都开始于传统的水稻种植。很显然，幕府时代的财政根基已从农业转变为商业。幕府将军很难接受这种变化，由于抵制各种改革，他们发现自己在筹集政府资金方面经常遇到困难。

在德川时代，尽管商人和农民更加富足，生活方式也在改变，但社会整体仍然很难接受新观念和新技术。神道教和儒家思想仍然鼓励人们敬奉祖先、自我牺牲、与社会其他成员和睦相处。既不鼓励企业之间的竞争，也不鼓励具有资本主义商业意义的企业发展壮大。

在德川时代，并不是所有日本人都欢迎社会发展和技术进步。商业需要公平竞争，最终经济利润也证明了这一点。然而，获利不应过多，也不应该以牺牲他人的利益为代价。公平竞争是德川时代商业体系的准则。

进入19世纪，德川时代接近尾声，日本商业成为整个社会进步的缩影，其特征趋于保守、家长制以及反个人主义。日本人开始拓宽国际视野，并从19世纪60年代开始认识到，欧洲、美国的商人和军队已经开始了海外投资活动，日本与西方工业化国家在技术方面已经存在巨大差距。很多企业开始停止与国内同行企业的竞争，建立了能与国外企业展开竞争的商业体系，但这种体系的发展只能通过向西方学习来实现。然而，经历200多年的闭关锁国之后，很少有企业能做到这一点。日本需要进行革命性的变革，才能在现代世界上拥有一席之地。这一变革源于武士官僚中下层的不满情绪渐长。他们嗅到了进步的气息，意识到政府更多地青睐在朝廷中有政治影响力的人，而不是那些对政事更加了解、受过良好教育却无法在朝廷拥有影响力的行政官员。然而，他们的动机并不是自私的。他们真正担心的是，日本的军事力量已经远远落后于西方势力。日本因失去对海关政策的控制权而受到羞辱，这是因为西方国家在贸易谈判中处于强势地位，他们与日方谈判代表签订了很多对日本企业非常不利的条款。

德川时代的闭关锁国政策

17世纪30年代，日本实行闭关锁国政策，开始与世隔绝。为获得政治稳定以顺利实现朝代更替，德川幕府禁止所有日本人离开本国，也禁止外国商人和传教士进入日本。唯一的例外是允许一些荷兰和中国商人在长崎经营独立的商店。这些早期的外国商人成为日本在19世纪之前获取西方信息的唯一重要来源。

日本在长期的闭关锁国中发生了很多积极变化，最终推动日本过渡到开放经济时代。一是，传统的地方武士必须在领地和江户交替居住，推动形成了全国公路网络以及沿路建造的旅馆和其他设施。二是，来自全国各地的大量人口每隔一年聚集在一处，这也在很大程度上促进了"统一的单一民族国家"这个概念的产生。明治维新之后，日本能够快速变得强大、团结，在很大程度上得益于江户时代国内持续不断的交流和贸易。日本的语言得以统一，思维方式和行为方式趋同，地方的不同意见和社会规则不得不让位于江户的政治、经济和文化制度。

经济增长

德川时代的日本经济得以迅速增长，主要由18至19世纪发生的四个变化推动：(1)前所未有的人口激增；(2)对消费品和服务需求的增加；(3)制造技术的进步；(4)人口从农村向城市的迁移。很多农民脱离了自给自足的农业生活，城镇居民转而生产产品来满足他们的需求。因此，购买生活必需品催生了新兴的消费经济。大名和他们的武士随从需要购买奢侈品来维持他们的生活水准。

2009年，弗兰克斯（Franks）在她对日本早期消费经济的研究中发现，这种现象与欧洲前资本主义时期极为相似。早期的消费品购买源于对食品和饮料的需求，很快就发展到非必需奢侈品，如茶叶、咖啡、巧克力、糖和烟草等。烟草、茶叶和糖通常被称为物质享受型商品，起初只是富人和特权阶层的专享，很快就成为日本越来越多的城市居民的必需品。这三种商品都经过加工而来，表10-4显示了其消费增长情况。烟草消费从1875年的200万日元增长到1935年的3.3亿日元，这显示出消费从基本必需品到物质享受型商品的转变。

表 10–4　　　1875—1935 年日本烟草、茶叶和糖的消费额

年份	总消费额现价（千日元）			人均消费额 1934—1936 年价格（日元）		
	烟草	茶叶	糖	烟草	茶叶	糖
1875	2033	1007	2052	—	—	—
1890	6955	633	6002	0.72	0.07	0.62
1895	11 965	2420	6358	1.06	0.21	0.56
1900	29 253	2813	13 443	1.64	0.16	0.75
1905	54 628	2004	12 526	2.48	0.09	0.57
1910	88 208	3668	25 306	3.48	0.14	1.00
1915	88 186	7654	31 358	3.11	0.27	1.10
1920	248 848	32 233	101 540	3.33	0.43	1.36
1925	275 801	39 642	81 278	3.60	0.53	1.09
1930	323 526	30 569	71 799	5.04	0.48	1.12
1935	333 424	28 332	84 272	4.78	0.41	1.20

来源：Franks，2009：148.

随着德川时代的相对繁荣，人们纷纷搬迁到城市工作，从而导致了酒精饮料消费的变化。日本清酒由大米发酵而成，人们主要在宗教节日、家庭和同事聚会等特定场合饮用。在农业地区，清酒通常在家庭进行小量生产。而啤酒是一种相对较新的西方产品，只能从欧洲以高价少量进口。19 世纪末，酒馆里大量供应清酒与啤酒，城市和农村也出现了其他饮酒场所。清酒的消费在 1925 年达到峰值，人均 19 升。啤酒的消费量虽然不如清酒，但即使在经济不稳定时期仍在持续增长（见表 10–5）。

表 10–5　　　1876—1935 年日本清酒和啤酒的供应量和消费量

年份*	清酒		啤酒	
	供应（千石**）	人均消费***（公升）	供应（千石**）	人均消费***（公升）
1876	3355	17.0	2.4	0.01
1880	3460	17.0	2.8	0.01
1885	3259	15.3	10.4	0.05
1890	3786	17.1	17.2	0.08
1895	4642	20.1	32.0	0.14
1900	4938	20.2	88.4	0.36
1905	4172	16.1	111.8	0.43

续前表

年份*	清酒 供应（千石**）	清酒 人均消费***（公升）	啤酒 供应（千石**）	啤酒 人均消费***（公升）
1910	4794	17.5	142.2	0.52
1915	4764	16.3	235.6	0.80
1920	5982	19.2	545.2	1.75
1925	6331	19.0	770.2	2.32
1930	5206	14.5	761.2	2.12
1935	4683	12.2	949.4	2.47

注：* 平均五年；**1 石 =47.65 美国加仑；***1 公升 =0.26 美国加仑或 1.06 夸脱。
资料来源：Franks，2009：155。

城市居民还被迫购买衣物，最终扩大购买范围，包括帽子、鞋子、缎带、扇子、皮带、手表和时尚商品等配饰。在迅速工业化的日本消费革命进入下一阶段，小型日常快速消费品的需求增加，如杯子、茶碟、餐具、寝具、地板、镜子、钟表和家具。这些消费的增长情况如表 10–6 所示。

表 10–6　日本政府统计的 1874 年日本制造商品产出情况

商品种类	占总产出比重*/产值**（千日元）	商品种类	占总产出比重*/产值**（千日元）
加工食物和饮料	**41.9%**	油和蜡	6.3%
清酒	18 605	油	5 443
酱油	6338	蜡	1 432
味噌	6137		
茶叶	3951	纸、书写材料和书	5.2%
盐	2394	纸	5 167
糖	1380		
纺织品和衣服	**27.7%**	家具	1.7%
编织布料	17 159	地板	1 432
染织布料	3033		
现成织物	1367	**其他**	**9.5%**
生丝	6165	仪器设备	3 061
棉线	1234	肥料	3 057
鞋	1816	药和化妆品	1 539

续前表

商品种类	占总产出比重*/产值**（千日元）	商品种类	占总产出比重*/产值**（千日元）
家庭用品	**7.7%**		
陶器	2 092		
金属制品	1 537		
杂货	1 482		

注：* 制造业总产值占比；** 产值超过 100 万日元的所有商品。

资料来源：Franks，2009：146，adapted from Yamaguchi，1963，table 28.

被管理的资本主义经济

日本的资本主义从一开始就或多或少地发挥着市场经济的作用。政府控制着大米的生产，但是贸易大部分由商人推动。此外，公路、市场、中转站、大城镇、大城市都提供了必要的商业基础设施。

闭关锁国也保护了日本的新工业免受国外竞争。由于日本自然资源稀缺，与拥有大量先进技术的西方工业化国家进行自由贸易很可能会摧毁本国的手工制造业。然而，有了"只能在城镇交易"这一规定，这些早期的日本企业就能够得到充分发展，在向国际化经济转变的过程中存活下来。1982年，森岛（Morishima）认为，19世纪60年代之后，日本政府在成功推动工业化方面遇到的阻力较小，这在很大程度上归因于政府早期鼓励火药、船舶、瓷器、纺织品、金属制品等制造工厂的发展。这些工厂在向西式工厂转型前期得到了明治政府的资助，确立了十分牢固的发展基础。

接近19世纪中叶时，越来越多的西方商人向日本施压，让其打开国门开展贸易，闭关锁国政策开始动摇。最终，日本在19世纪50年代缔结了诸多不平等的、对西方国家有利的贸易条款。到1859年，神奈川、长崎、函馆等港口向外国商人开放。现代日本商业体系开始出现，其发展模式与欧洲和美国已经出现的最佳模式有相似之处，但也有明显不同。像佛教和儒家思想一样，它将被彻底日本化。

第 10 章　德川时代闭关锁国下的工商业（1603—1868）

德川时代对现代日本发展产生了诸多影响，其中最重要的是人们形成了愿意通过长期努力工作来实现目标的价值观和行为方式。这些价值观包括对公共纪律的遵守、努力工作、渴望学习、服从权威、对长辈和等级制度的尊崇、对集体的忠诚以及热爱传统。

改变锁国政策并不利于德川幕府的发展。日本三个港口对外国开放仅仅十年后，德川政府被推翻，天皇重新掌握大权，日本社会的传统完全被颠覆。日本进入了现代，但是这种转变并非易事。

结　语

在大约1500年的时间里，韩国和中国东海岸的一系列多山岛屿一直是世界上最与世隔绝的区域之一。在这段漫长的时期，武士阶级逐渐形成，并最终统一了不同的氏族和家族，形成了统一国家。12世纪，宗族战争最终导致天皇成为傀儡，国家政权被幕府将军，即天皇军队的最高指挥官所掌控。这些武士首领开创了后来的幕府时代，并建立了镰仓政府。

镰仓幕府统治日本超过250年，这一时期，日本迅速进入传统的封建社会，土地属于效忠最高领主的各位诸侯。最终，日本出现了大约250个氏族，这些被称为大名的诸侯以幕府将军和天皇的名义管理着这些地区。武士从这些主要诸侯手中得到一部分利益，当然也有很多较低等级的诸侯，他们一度被分为17个不同等级。当时的经济以每年的水稻收成为核心，各层级的武士都能从中分到一部分。

封建时期给日本商业体系造成了影响。社会需要某种组织来储存、运送、分类、分配每年的水稻作物，以及其他农作物和农民的家庭作坊的产品，特别是丝绸，企业由此产生。这些早期的商人处于社会结构的最底层，被明确禁止从事制造业，即使在封建社会末期也未改变。他们在食品加工和酿造方面尤为活跃。村庄和城镇为当地的工匠和手工艺人提供了支持。最终，当地商人的经济活动与家庭手工业融为一体，生产和居住场所合二为一。为推动商业发展，这些早期的商人成为借贷商和货币兑换商，并建立了保险服务和密集的交通网络。

在日本的封建时期，所有与西方的交易都只能通过长崎港进行，且只有荷兰人和中国人被允许长期通商。从 1603 年到 19 世纪后期，德川幕府控制着政权，政府建立了严格的闭关锁国政策，关于日本发展的新闻只能在荷兰的图书和报纸上瞥见一二。尽管实行闭关锁国政策，但是日本这一时期出现了其最早的现代企业，其中很多企业都是由大名家族创办的。农业生产的发展和出口额的增长为日本累积了财富。最终，不断增长的财富推动了对各种商品和服务需求的增加。

A COMPARATIVE HISTORY OF COMMERCE AND INDUSTRY

第五部分

美国的竞争型工商业

殖民时期

欧洲出现的从旧世界到新世界的大规模移民潮，从 16 世纪的涓涓细流开始，在接下来的三个世纪形成了一股洪流。早期的移民出于各种原因放弃熟知的一切，移民到美洲或者其他新兴殖民地，并快速建立了与其母国类似的经济体系和制度。然而，不久之后，殖民商业体系就呈现出自己的特征，这些特征与国内交通不便、与世隔绝、母国的重商主义政策相匹配。

—— 美国经济发展的阶段 ——

北美经济体系的发展经历了六个阶段，最后一个阶段从 20 世纪 90 年代中期正式开始，目前正在形成的经济体系在历史上独树一帜。

第一阶段（1607—1789）：殖民时期美国的商业和贸易

这是一个属于北部殖民地的普通商人和贸易商以及南部殖民地的农场主的时期，主要经济作物是烟草、水稻和靛蓝。这一时期的特征是工匠的稳步成功和早期小型制造行业的出现。

…征是人们对进行经济活动如同追寻宗教…
…苦残酷的环境中开拓一条生路，为自己和家…
…民者经历艰难险阻，乘小船远跨重洋。因此，早…
…们赖以生存的基础，又承担着创业风险。英国人为利…
…地提供资金，但更重要的是在这一过程中孕育了企业家精…
…造了殖民地接下来200年的重要特征。

第二阶段（1790—1860）：独立战争后的商业和贸易

这一阶段，北部第一次出现了大批专业化的制造商，传统的普通生产者和商人逐渐消失。南部各州越来越多地依靠奴隶来为英国工厂生产棉花。这一时期一个更鲜明的特征是，19世纪四五十年代发展国家铁路的需要引发了大规模投资，其中大部分投资都来自欧洲投资者。

第三阶段（1860—1910）：建立全国统一市场

这一阶段，美国的经济和工业转变为全面意义上的"大经济"。另一个转变是从自主经营转向拥有专业化管理者的商业机构。这是一种新型商业组织形式，稳定的制度在创始人死后仍能长期存在，并持续发挥作用。南北战争后，美国的工商业发生了很多变化，这种组织形式的作用得到了强化。

第四阶段（1900—1950）：形成工业化国家

这一阶段的大部分时间里，许多小企业与上一阶段出现的大公司共生共存，形成了由核心商业与周边配套构成的双元体系。在这一时期，美国许多制造行业呈现出多元化和分散化发展，一些大企业通过几次兼并热潮继续壮大。在管理方面，这一阶段见证了生产市场化的成功，也形成了未来所有经济阶段的雏形。同时，取消管制成为全国政策，但早期几个阶段出现的一大批政府管制仍以这样或那样的形式存在着，管理方面的大量弊端导致了股票投机行为的产生以及股份公司的破产。这一阶段的后期，美国经济体系成为"民主兵工厂"的典型代表，在制造业、各种工业产品和消费品市场处于全球领先地位。在20世纪两次世界大战之间以及第二次世界大战之后第一个十年，美国经历了工商业的腾飞，由此成为全球最大的经济体之一。

第五阶段（1950—2000）：向全球化经济转型

在这个阶段前十年的一段时期，美国商业体系达到了成功的巅峰。一些观察者认为在这一阶段后半段，美国商业体系进入高成本、低效率的下滑阶段，美国制造企业不得不将其全球领导者的位置让给日本、德国以及亚欧的其他国家。美国许多大公司必须改变其传统的头重脚轻的结构和工会来限制需求。例如，仅制造业就失去了35万个以上高工资就业岗位。这是一个缩小规模和重组的阶段。事实证明，这些政策比催生这些政策的环境更具破坏性。

20世纪90年代，苏联解体，自由市场经济获得了成功。这一阶段，美国成功地从工业经济转变为信息经济、知识经济，信息和通信技术行业迅猛增长。全球竞争日益激烈，尽管美国企业在汽车、航空等传统优势行业的市场份额在不断缩小，但开始在诸多领域重新夺回世界领先地位。美国在这一阶段的转型为未来的全球经济格局的变化奠定了基础。

第六阶段（2000——）：新世纪的商业和贸易

这一时期，日本和德国经济从停滞不前转为快速崛起，许多新兴经济体的GDP继续保持两位数以上的增长。到2005年，美国的商业体系虽然仍表现强劲且经济继续增长，但许多行业似乎面临着不可逾越的障碍。在全球化浪潮中，美国的商业体系受到了全球贸易支持体系的影响，这个体系卷入了全球化体系，它最初由关税及贸易总协定（GATT）和世界贸易组织（WTO）管理。

—殖民时期的商业和贸易—

在北美，大多数最早的定居点都是商业企业的产物，如弗吉尼亚公司（Virginia Company）。早期的冒险家远赴南边的西班牙殖民地开采黄金和白银失败之后，很快转向皇室授予宠臣的广袤土地，如威廉·佩恩（William Penn）的领土。尽管远离家乡，但从商业意义上来说，这些殖民者并不孤单。事实上，他们是广泛存在于欧洲经济体系中的一部分。到18世纪，殖民地聚集了欧洲大部分贸易国家的代表。

殖民网络从美洲扩展到非洲和亚洲。例如，美国殖民者用中国制造的杯子喝印度的茶叶，加来自中美洲（在西班牙加工而成）、通过英国商船海运至波士顿的糖。英国对其殖民地的主要贡献就是刺激了商业发展。而且，他们并不认为殖民地的贸易与其国内贸易有什么不同。为管理殖民地而制定的法律最初是规范商业的法律。C.M. 安德鲁（C.M. Andrews）认为：

> 商业是……英国经济体制的基石。其他方面，如法律、政治、制度、宗教、军事等在英国殖民制度中占据了很大的比例。深入分析会发现，英国商人和政治家的目标是建立有活力但依赖性强的生产者和消费者，在美国和西印度群岛建立的自治能力很强的社会群体并不是主要目标，反而成为殖民的重要贡献。为此，英格兰必须保护其财富和权力发展的源泉。英国认为殖民地的重要性完全体现在其商业价值上。

英国殖民者对商业的兴趣和英国人一样浓厚。由于殖民地缺乏产品生产和供应体系，他们自然要从事贸易活动。由于缺乏南北陆路交通，北部大陆东海岸得天独厚的优势使海运成为主要的交通方式，北大西洋成为他们与世界的通道。

16到18世纪，欧洲人在新世界建立的商业体系具有三个重要的传统。一是重商主义政策，两个最主要的殖民国家西班牙和英国都推行这一政策。二是对新建殖民地的商业实施自由放任政策。三是大部分制造商品和货币都依赖于母国。英国的重商主义政策为后来殖民地经济活动的发展奠定了基础。

— 新世界的重商主义 —

在最初的两个世纪，美国的商业体系是其母国（先是西班牙后是英国）重商主义政策的反映。这些旧世界的国家依靠它们在新世界的殖民地来获得原材料，从而成为当时最强大和最富有的国家。西班牙最早在新大陆实行重商主义政策。西班牙不允许其在美洲的殖民地与欧洲进行直接贸易。殖民地必须通过西班牙来运送其农业产品和贵金属。当时，新世界最需要的商品主要是银器、糖和烟草。这些商品主要产自气候较温暖的美洲中南部的殖民地，并受西班牙和葡萄牙严格控制。西班牙也因此成为欧洲最富有的国家，为其在欧洲大陆的战争提供了资金支持。从17世纪到18世纪，重商主义在北美洲经济中发挥着重要的作用，这些殖民地受英国重商主义政策和行为的影响很大。英国通过这些政策和行为控制殖民地的商人，中央政府借此抢夺荷兰对国际贸易的控制权。荷兰从17世纪早期就控制着大部分海上贸易。荷兰拥有北欧75%左右的远洋船舶，资金充足且经验丰富，力争维持其对海上运输和贸易市场的控制权。1651年，英国议会颁布了第一部《航海法》(Navigation Act)，迈出了与荷兰争夺海上贸易霸权的第一步。这一法律规定，所有欧洲国家（特别是法国）与英国殖民地之间、殖民地相互之间的贸易必须使用英国船舶来进行。禁止荷兰与英国殖民地的贸易后，英国经济快速发展，航运业得以扩张。这部法律旨在确保贸易的所有无形收益，如运输费、码头费以及海上保险等都归英国人所有。

《航海法》是英国重商主义政策的第一次尝试。然而，它并没有达到预期的效果。法律因为没有得到充分执行而宣告失败，这与英国海军力量相对薄弱以及在殖民地缺乏强大的警力有关。殖民地商人公开违反法律，继续与他们想合作的人进行贸易。

1661年，查理二世的复辟给英国带来了重要变化。1660年修订的法案加入了限制性条款，如规定殖民地（包括西印度群岛）生产的一些商品只能出口到英国。糖、烟草以及靛蓝等染料被纳入商品清单。1663年通过的进一步修订的法案要求，殖民地只能通过伦敦、布里斯托尔和英国其他港口从欧洲进口商品。1673年的修订法案规定，出口国外的一系列商品必须先运输至英国和其他殖民地，然后再转运。奥利弗·克伦威尔（Oliver Cromwell）主持颁布的法律，包括1665年的《航海法》都被认定为不合法，最终被新法取代。查理国王没有废除这部法律，而是为其增加了新的内容。1660年的《航海法》是对1651年版本的继承，但也禁止烟草、棉花、羊毛和靛蓝等一系列特定商品从殖民地港口运往英国以外的其他任何地方。《航海法》禁止殖民地商人与其他国家开展贸易，这对商人是一种打击。然而，人们一致认为这些法律对殖民地出口商的帮助大于对他们的伤害，主要原因如下：

> 这一切的目的是确保殖民地的所有经济利益完全归属英国。《航海法》建立了一个封闭的体系，在这个体系中，只有帝国公民才有权进行贸易，包括所有的大不列颠公民，不论他们居住在何处。根据《航海法》，殖民地只是大都市、新国度、康沃尔以西领土的延伸……通过禁止帝国和荷兰进行贸易，《航海法》使波士顿获得了与布里斯托尔同样多的贸易和商业机会。

1663年的《必需品法》（Staple Act）扩大了之前《航海法》的禁止范围，规定所有运往美洲殖民地的欧洲商品都必须先在英国港口登陆，然后只能通过英国船只转运至殖民地。另外，殖民地所有农作物和重要商品，如烟草、糖、棉花、靛蓝染料、船舶用品、铜、动物皮毛在被运往其他国家之前都必须先运至英国港口。英国经济通过以下几个方面受益于这项新法案。一是通过对所有转运商品征收关税获得财政收入。二是英国商人通过提供保险、仓储、码头装卸等服务以及向殖民地征收海运费用而获利。转运是英国贸易商和托运人收入的重要来源，在殖民时期结束和英法战争时期，这一收益有所下降。表11–1列出了1768—1772年三种主要转运商品金额的变化情况。价值是以英镑计价的离岸价格计算的，不包括运费、保险、佣金、码头费和其他无形成本。

表 11–1　1768—1772 年从英国转运至 13 个殖民地的商品金额

商品	年份				
	1768	1769	1770	1771	1772
茶叶	168 759	45 328	21 726	71 830	52 829
德国亚麻*	71 818	63 688	95 145	140 384	94 468
胡椒	9997	3370	8447	221 310	6961
合计	250 574	112 386	125 318	233 524	154 258

注：* 亚麻，也称为德国亚麻，是利用产自欧洲大陆北部大部分区域的亚麻制成的一种复合材料。德国是用于描述的术语，不是政治意义上的德国。

资料来源：Shepherd and Walton，1972：186.

1713 年，殖民地贸易体系几乎全部遵循《航海法》及相关法案建立的模式，这种模式一直延续到美国独立战争时期。有一个值得注意的例子是，商人从非英属加勒比群岛向殖民地走私糖、糖浆和朗姆酒。

殖民地商业的四个时期

在殖民地经济中，农业占据了大约 90% 的经济活动，除此之外，美洲殖民地的商业还经历了四个时期。第一个时期英格兰为新殖民地成立了股份制公司，这些公司也为那些受迫害的信仰非传统宗教的人提供避难所。母国卷入暴力革命之后，殖民地商业进入了第二个时期。此时，股份制公司发展为独立或半独立的自治省。在第三个或后殖民时期，在英国革命时期被忽略的国家雏形成为发展主体，最终演变为 13 个殖民地。王室津贴的所有者从英国和欧洲招募新移民。这些移民为新大陆带来所需的技能和知识。第四个时期，拿破仑战争对工商业造成了巨大的破坏，殖民地为被战争围困的欧洲众国提供食物、原材料和制成品，成为净出口方，这反过来推动了殖民地的发明和创新。

在第一个时期，殖民者通过公司自有的贸易港口获得补给，因此不论是否发现贵金属，投资者都能很快获得收益。1606 年成立的弗吉尼亚公司以及 1629 年成立的马萨诸塞海湾公司（Massachusetts Bay

Company）就是例子。其他欧洲国家的投资者也通过同样的方式创立了公司，包括荷兰西印度公司建立的新阿姆斯特丹（纽约）殖民地和瑞典新南方公司（Swedish New South Company）建立的特拉华（Delaware）殖民地。

弗吉尼亚殖民地的种植园艰苦运营了20年，目的是为投资者产生利润。然而，弗吉尼亚恶劣的条件以及母公司缺乏适当的规划和再供应很快导致投资计划失败；詹姆斯敦（Jamestown）2/3的定居者在第一年就去世了。最初，定居者只不过是雇员，所有殖民地的土地仍归公司所有。因此，居民们不愿意为了公司利益而长时间工作。一系列变化由此产生，但最终没能拯救以营利为目的的公司。例如，为了吸引新的殖民者，公司不得不做出让步，将土地转让给移民。弗吉尼亚的殖民者也通过出台自治政策来强化管理。

早期的股份公司很快让位给国王授予贵族的大片土地，其目的是获得母国的政治利益或部分收益。威廉·佩恩在宾夕法尼亚建立的自由贸易会（Free Society of Traders），巴尔的摩勋爵（Lord Baltimore）的马里兰殖民地，哈得逊湾公司（Hudson's Bay Company）都受到了这一政策的恩惠。巴尔的摩勋爵的殖民地被视为英国受迫害的天主教徒的避难所，同时也是一家企业。

殖民地第一阶段的公司维持的时间不长，主要原因有二。其一，如果不能吸引大量移民，殖民地公司的封建属性会使其发展步履维艰。最有意向定居的殖民者不愿意屈就，除非有机会获得土地所有权或实现宗教自由（或两者兼而有之）来改善他们的生活地位。其二，殖民地无法为投资者带来利润。例如，威廉·佩恩去世时几乎身无分文，他把自己的全部资产都投到了宾夕法尼亚殖民地的发展中。

瓦解与近乎无政府状态

1630年公司权力瓦解后，新兴殖民体系的第二批企业开始出现。

第 11 章 殖民时期美国的商业和贸易（1609—1789）

在这一时期幸存下来的殖民地独立地艰难前进，依然沿着海岸和通向大海的河流的狭长地带相对孤立地发展。殖民地的发展速度缓慢，因为母国正陷入南北战争中，对殖民地并未干涉太多。但当时英国和法国有一批人仍心系着殖民地，他们就是殖民商业机会主义者。克伦威尔斩首国王之后，英国的军事体系崩溃，冒险精神和快速获得利润的承诺吸引了很多投机者来到殖民地。早期的独立皮草商人、一些小型造船厂的经营者、越来越多的独立商业贸易商、西印度群岛海岸和港口的商人及走私者汇聚于此。到这一冒险时代接近尾声的时候，成群海盗驶出卡罗来纳的小港口。

受《航海法》限制，殖民地的商人和海运商被限制与英国殖民地进行贸易。早在 1651 年，第一部法律已经实施。这一系列法律主要以四种方式管理殖民地的商业：第一，殖民地之间和殖民地与世界其他国家的贸易必须用英国或特定殖民地的船只来运输；第二，运往殖民地的商品必须先经过英国港口；第三，大部分从殖民地出口的商品，不论出口到哪里，必须通过英国转运；第四，对生产特定商品的美国供应商和种植园主给予奖励或补贴，如生产用于英国棉花产品的靛蓝染料的商人及为英国海军和商人舰队提供服务的补给品商店。在美国独立战争前，《航海法》已经为许多美国人带来了一些经济利益。然而，在独立战争期间和之后，商人的贸易收入减少了，特殊政策陷入了困境。

—— 后殖民地时期 ——

在 17 世纪，当这些殖民地在从萌芽阶段发展起来后，金融贸易和商业的发展以及价格低廉的土地吸引了更多来自欧洲的移民。18 世纪中期，从纽芬兰到乔治的殖民地的经济有了一定发展，并对英国贸易商的经济成就做出了贡献。沿海贸易虽仍然较重要，但在价值上很快就被海上贸易超越了。进口主要来自英国港口，出口主要通过英国船只运往母国。

到 18 世纪 60 年代，欧洲国家发现本地生产越来越难以养活日益增长的人口，开始从殖民地进口更多的谷物和其他食物。

13个殖民地和北部海上殖民地的年出口额接近290万英镑（见表11-2）。13个殖民地以及英属加拿大的两个北部殖民地出口总额从1768年的220.3万英镑增长到1772年的348.7万英镑。以英镑计算，这五年间每年平均出口额最大的五类商品包括烟草（76.6万英镑）、面包和面粉（41.2万英镑）、大米（31.2万英镑）、干鱼片（28.7万英镑）、靛蓝（11.7万英镑）。

表11-2　1769—1772年13个北美殖民地平均每年的商品出口金额（单位：英镑）

区域/殖民地	总金额（英镑）	人均金额（英镑）
新英格兰	**489 000**	**0.84**
新罕布什尔	47 000	0.65
马萨诸塞	265 000	0.99
罗得岛	83 000	1.43
康涅狄格	94 000	0.51
中部殖民地	**572 000**	**1.03**
纽约	191 000	1.17
新泽西	2000	0.02
宾夕法尼亚	361 000	1.30
特拉华	18 000	0.51
上南方	**1 181 000**	**1.82**
马里兰	398 000	1.96
弗吉尼亚	783 000	1.75
深南部	**614 000**	**1.78**
北加利福尼亚	76 000	0.39
南加利福尼亚	463 000	3.73
佐治亚	75 000	3.21
13个殖民地共计	**2 859 000**	—

资料来源：Shepherd and Walton，1972：47.

殖民地制造和加工商品

在第四个时期,尽管生产很快走向专业化,但 13 个殖民地最终开始走上了自主制造商品的道路。在北部,13 个殖民地为当地和出口市场生产和加工的商品种类逐渐多样化(见表 11-3)。这一时期,所有殖民地都开始兴修水利,很多先进技术得到应用。例如,磨坊主已经采用了最新的先进技术,如持续加工设备和方法,这使得美国的磨坊可以与英国最好的磨坊相媲美。其他探索和发明也提高了伐木、炼铁、制糖的生产率。在南部,大部分种植园主使用奴隶劳工和小型家庭农场来专业种植棉花、烟草等经济作物。

表 11-3 殖民地的制造和加工产品种类

产品种类	产品
食物和相关产品	小麦粉、烟草、畜禽产品、肉类加工食品、皮革制品、鲸类食品(包括油和蜡烛)、发酵和蒸馏的饮料、精制糖
纺织和纺织制品	羊毛纺织品、棉纺织物、亚麻产品、其他纺织品
木材产品	锯木产品、木桶和其他木制容器、船桅、圆材和其他造船木材、树脂、焦油和松脂、家具和其他木材产品
纸张和打印品	纸张、报纸和期刊、图书和其他纸制品
化学及其相关制品	加工化学品、消费化学品、盐和其他化学制品
石头、黏土和玻璃制品	建筑材料,家用器皿,其他石头、黏土和玻璃制品
金属	贵金属、铁和钢制品、其他金属制品
设备和仪器	农业和非农业机器、工具、枪支、水船、陆上交通工具和其他设备

资料来源:McCusker and Menard,1991:328,from material in V.Clark,*History of Manufactures*,1929.

除了工厂生产的商品,家庭制造的手工艺品也为制造商品经济做出了贡献。尽管相对较高的成本和有限的技术限制了他们的发展,但这些手艺人是中小企业的先驱,在经济中发挥着重要作用。有人这样描述殖民时期以家庭为基础的小型企业:

> 殖民时期的手工艺人很少在工厂中工作。相反,家庭是生产的单位,厂房和家连在一起,技艺精湛的手工艺人提供劳动,妻子、

孩子和不定期雇用的学徒提供帮助。生产往往只借助简单的手工工具，没有动力和先进机器的帮助，也缺乏劳动分工。大部分作坊可以被称为邻居制造，经营相对分散，商品名目众多但数量较少，通常是为一些顾客进行订单式生产。这些企业的规模受到劳动力价格高、技术落后、市场狭小等的限制，它们的低效率受到了高生产成本的保护。

结　语

在艰苦环境中求生步履维艰，事实上，英属北美洲殖民地在大约前50年的历史中都是如此。问题是，早期的殖民地股份公司热衷于挣快钱，大多不会选择当地具备开拓荒野求生技能的劳动力，这些人虽然懂得如何种植或与自然抗争，但并不会加入生产。移民来到殖民地是为了与当地人建立起赚钱的贸易。这些赞助者既不为人们提供开发新世界的装备，也无法保证为移民带来持久的收益。最初建立殖民地是出于对黄金和其他贵金属的渴望，例如西班牙在南半球的努力就得到了回报。1584年，沃尔特·雷利爵士（Sir Walter Raleigh）的殖民计划是在一次成功的探险之后开始的，他在洛亚诺克岛（Roanoke Island）①建立了一个贸易和黄金开采中心。德雷克（Drake）及时救回了那些倒霉的第一批探矿者，将他们送回英国。1587年，他又试图在弗吉尼亚建立殖民地。然而受与西班牙交战的影响，运输补给船直到1590年才到达，当时所有的移民或死于饥饿，或被不友善的印第安人杀害，所剩无几。

早期的实践证明，要想成功地建立一个殖民地，需要拥有比那些挣快钱的探险者们更多的资金和不同的技能。然而，17世纪，英国人建立殖民地的动机依然是寻求金钱回报，他们建立的殖民地包括1607年的詹姆斯敦、1620年的普利茅斯和1628年的马萨诸塞湾，这些地方都是作为贸易站而建立的。第一个英国殖民地出现在百慕大群岛，以农耕

---

① 位于今美国北卡罗来纳州。——译者注

为目的,没有印第安人与他们进行贸易。在早期殖民地中,任何人都不被允许私自拥有一片土地。只有在1616年后的弗吉尼亚、1623年后的普利茅斯和1630年后的马萨诸塞湾,这种情况才有所改观。当时,新大陆的英国移民者不仅仅满足于和当地印第安人进行贸易。他们开始有了更长远的眼光,动机和目的也开始多元化。莫里森指出,他们的目的有六个:(1)将母国日益增长的贫穷和失业人口运送至能够创造生产力的地方;(2)为在寒冷的北部定居的移民提供赚钱路径并刺激需求以购买英国羊毛;(3)鼓励定居者寻找和获得所需的贵金属;(4)用英国人种植和生产的类似产品来代替地中海国家种植和生产的食品;(5)继续寻找通往东印度群岛的捷径;(6)将基督教传播给当地居民的异教徒。莫里森将这些目标视为"英国一个半世纪以来殖民的基本动机"。

基于新的人道主义原则,为了证明通过向新的移民出售土地及必需品来获得利润是合理的,皇家特许建立的新殖民地在新世界生根发芽并发展壮大。在这个过程中,无论在英国还是其殖民地,商业和贸易阶层的人口不断增长,而后又促进了制造企业家阶层的人口激增。

第 12 章

独立战争后的商业与贸易

1789年至南北战争期间,美国的工商业发生了巨大的变化。埃德温·珀金斯对此有一个与早期历史学家观点相反的观点,他强调这一转型进程是进化性的,而不是革命性的。确实,独立战争切断了殖民地与宗主国的纽带,国家需要发生巨变。从早期国内产品完全依赖英国的市场到英国供应商无法生产某些产品和提供服务而开始依赖国内,变化由此开始。正如第12章所述,英国《航海法》导致它们失去了传统的市场和供应商,许多美国商人只能寻找新市场,开发新的贸易业务。南方的种植园主们和费城的商人们避开英格兰或苏格兰的中间人,联手将美国的烟草直接运往欧洲大陆市场。

在独立战争之前,殖民地55%的贸易是与英国买家进行的,而与其他市场的直接贸易几乎为零。1790年,与英国的贸易量下降到出口贸易的31%,而与其他北欧市场的贸易占美国出口贸易总量的16%。同时,美国还拓展了新的贸易机会,例如与中国的贸易。美国的商船只在南美洲附近航行,在北美大陆的西海岸停靠,与当地人进行皮草贸易(主要是水獭皮),然后在中国用这些皮草交换茶叶、丝绸、瓷器和其他艺术品。这些东西可以在美国市场卖上好价钱,赚取高额利润,或者转运到欧洲市场,与英国贸易商进行竞争。

独立战争也阻断了美国获取英国工业品的通路，殖民地的企业家开始加大生产投入，满足国内市场需求。例如，美国的工厂主开始扩大生产，为军队提供衣服、枪支和弹药。到1790年，美国工厂几乎可以生产所有种类的食物、服装、铁器、玻璃和纸张，也开设了殖民者所需要的商店。在一些行业中，这个新生的小国甚至可以完全自给自足，或者近于自给自足。

—— 关键行业的变化 ——

1800年至1860年期间，美国经济经历了爆发性的增长。伴随着经济的增长，企业的组织和管理方式发生了一些重要的变化（可以说是革命性的）。首先，除了西进运动最纵深的偏远地带，殖民时代的一般商业几乎全部消失，专业化的小企业取而代之，它们的发展满足了迅速增长的国内外市场的需求。运输、通信、农业和工业的新发明和进步促进了经济的腾飞，企业家的身影随处可见，他们投资新的机会，在满足市场供给与需求的基础上建立起美国新的商业体系，旧的重商主义体系、家庭生产企业不再发挥作用。在这一转型期，美国商业尤其受到三个经济部门的重大的革命性的影响，它们是运输和通信业、农业以及工业。

运输与通信业的发展

从殖民时代到19世纪早期，对于农民、种植园主、商人、手工业者和消费者来说，如何实现商品从生产地到市场和航运港口的流动是经济发展的主要阻力。当然，有些货物可以在未曾开垦的小道运输，但是大多数情况下，由于道路不通，货物只能使用马匹驮运或人力背负来运输。早期移民不得不借助于小河小溪、入海口来运输货物。但是，随着美国远离东海岸不断地向西扩张，货物运输越发艰难。因此，人们必须以有限资金开拓出新的运输方法和投资路径。股份制发展组织应运而生，这些组织大多数采取公共资金与私人投资相结合的形式。尽管美国建造了一些著名的收费公路，但茂密的森林和遥远的距离限制了英式收费公路体系的发展。1806年，经国会批准，美国修建了首条由联邦政府投资的国家公路。在此之前，运河和内河船只是运输货物的主要方式。

1789年，殖民地几乎没有可通行的道路。陆地运输条件恶劣、成本高昂。1816年，托运人可以用9条船将一吨重的货物横跨3000英里从欧洲运输过来，而同样重量的货物使用马车只能运到30英里外的地方。陆路运输的高成本促使一批市政和城市建设的先驱者投资兴建运河。

乔治·华盛顿总统敦促国会投资建设一条国道，连接东部沿海地区和迅速发展的中西部地区。那时，商业运输速度慢且费用昂贵，在原始小道上用骡车或牛车运输货物，即使路程很短，成本也是其他方式的6倍。乔治·华盛顿总统没有活着看到这条公路动工。1811年，这条国家公路（也称国道）开始建设，并于1834年完工。这条国道通往伊利诺伊州万达利亚的密西西比河，建成最终用了25年。

1817年7月4日，长363英里的伊利大运河开工建设，历时8年于1825年完工。随后，邮轮和班轮将纽约和费城等港口与五大湖区和俄亥俄河谷地区连接起来。19世纪四五十年代，除运河之外，出现了铁路运输作为补充。到南北战争爆发时，北部地区和大西洋沿岸中部各州已建成了完善的铁路网络，而南部各农业州的铁路网络则不那么发达。1961年，朱利叶斯·鲁宾（Julius Rubin）将伊利大运河称为"19世纪早期美国在技术上取得的伟大成就之一，它彻底改变了运输系统，是促进美国内陆地区快速发展的主要因素"。他随后就运河对运输基础设施项目的影响开展了研究工作，并对各前殖民地之间存在的经济竞争进行了全面描述。

为复制伊利大运河的成功经验，各项以盈利为目的的计划迅速展开。然而，由于建设运河的成本高昂以及国内融资渠道有限，这些早期由私人资本资助的项目都以失败告终，而被州政府和地方政府收购。对此，鲁宾评论道：

> 伊利运河并非简单意义上的又一次成功。这是一次巨大的、令人振奋的、几乎让人难以置信的成功。当运河大部分投入使用时，

整个国家的报纸反复报道让人震惊的收费规模,在1823年能达到这样大的规模十分惊人。在运河范围内的纽约西部地区,开发速度如此之快,同样令人印象深刻。毫无疑问,伊利运河激发了全国的大运河热潮。

国家公路和坎伯兰公路的建设曾经让马里兰州与宾夕法尼亚州受益匪浅,如今随着伊利运河投入使用,与公路运输相比较,货物运输更加快捷便宜,公路系统建设者们的梦想也随之破灭。西面被伯克夏山脉部分包围的波士顿相信,一条连接波士顿与哈得孙河的运河可以使运往纽约的部分货物改道波士顿。费城认为,一条连接弗吉尼亚州切萨皮克市(Chesapeake)与俄亥俄的运河可以让其从西部运输更多的货物。这些城市和东部沿海的其他城市期待建设它们自己的运河。然而,在运河正在规划和建设时,另一项令人印象深刻的运输技术进步在商业上取得了成功。

伊利运河通过五大湖和哈得孙河连接了纽约港和几乎所有西北地区,从而使纽约港成为全国最富裕的港口。一时之间,农场主和食品加工企业可以把产自中西部大草原肥沃土地的产品通过水路运输到东部沿海地区及更远的世界。巴尔的摩地区一些富裕的居民决定建设属于他们自己的运河来连接哈得孙河,以获得同样的成功。表12-1列举了美国南北战争之前的一年里已投入使用的主要运河。不过,至此运河建设的热潮结束了,铁路成为更加可行的选择。

表 12-1　　　　　　　　1859 年美国运河吨位里程表

运河	收入(美元)	吨位(千吨)	平均里程(英里)	每吨每英里运费	吨—里程(百万)
纽约系统	—	—	—	—	544.3
切萨皮克–俄亥俄	—	—	—	—	58.8
梅兰(宾夕法尼亚)	197 549	—	—	3	65.8
利哈伊	—	1307	80	—	104.6
斯古吉尔	—	1699	80	—	169.9
特拉华地区	—	770	40	—	30.8
尤尼	—	263	70	—	18.2

续前表

运河	收入（美元）	吨位（千吨）	平均里程（英里）	每吨每英里运费	吨—里程（百万）
萨斯克汉那	145 276	—	—	5	29.1
伊利（宾夕法尼亚）	93 817	—	—	3	31.2
莫农加希拉	89 957	—	—	3	30.0
西布朗奇	140 997	—	—	3	47.0
怀俄明	101 449	—	—	3	33.8
切萨皮克－特拉华	—	496	14	—	69.4
特拉华－拉雷坦	—	1500	50	—	75.0
莫雷斯	—	638	80	—	51.0
特拉华－哈得逊	—	979	90	—	88.1
俄亥俄系统	234 679	—	—	3	70.4
瓦巴什－伊利	65 679	—	—	5	13.0
伊利诺伊－密歇根	—	367	70	—	25.7
总计					1554.5

资料来源：Fishlow，1965：21；综合多个数据来源。

运河对城市的影响

美国东部许多城市都经历了1812年战后衰退影响和入侵英军的掠夺，对它们而言，运河是一个巨大的恩惠。弗吉尼亚州的乔治城就是一个例子，它位于波托马克河（Potomac River）沿岸，靠近美国的新国会城。在独立战争前后的许多年里，乔治城一直是一个繁荣的港口，南部马里兰州大种植园种植的烟草从这里出口。然而，1815年后，乔治城的烟草加工及船运贸易都转移到了其他发展中的中心城市的更大的港口。而且，马里兰州的烟草种植园遭到了英国侵略者的肆意破坏。到19世纪30年代初，乔治城的烟草贸易已经彻底消失了。这种状况使乔治城陷入了持续数十年之久的严重经济萧条，其间乔治城的人口减少，从1830年的8444人减少到1840年的7312人。

随着切萨皮克－俄亥俄运河的建设，乔治城发生了翻天覆地的变化。到20世纪40年代，乔治城的经济几乎完全依赖内陆贸易。大量的谷物和面粉通过运河运往东部地区，鱼、食盐和建筑材料等产品运往弗吉尼亚、宾夕法尼亚和俄亥俄州的新定居点和农村。1850年，运河开通并穿过坎伯兰大峡谷时，当地的面粉加工和木材加工业逐步扩张。运河的开通也让乔治城可以从弗吉尼亚州南部地区得到其需要的煤炭，南北战争期间则是从弗吉尼亚西部地区得到其需要的煤炭。1860年，乔治城有22个面粉经销商和7家面粉厂。在经济繁荣发展的这一时期，乔治城成为本地区重要的贸易中心。1859年进行的经济普查显示，乔治城有大约80家小型零售企业，包括杂货店、面包房、糖果店、药店和制鞋店等。一趟运货马车来往乔治城与华盛顿特区。

19世纪50年代末，2万~5万美元的净资产就被认为是一笔相当可观的财富，乔治城无疑是一个相对富裕的城市。乔治城有很大一部分居民达到了这样的收入水平。这个小镇最富裕的家族主要包括干货商人、大片地产的所有者、铸造厂主、面粉加工商和运输商、五金加工商人、木材加工者和贸易商、煤炭商和运输商、酒店所有者、马车经营者，以及在贸易繁荣时代出现的有钱人，甚至还有女子学校的校长。

铁路日益重要

19世纪20年代早期，整个欧洲仍在修建运河，美国在计划修建运河，这时英国正验证在铁轨上运行蒸汽机车的实用性。1825年9月，第一列运载货物和旅客的列车获得许可投入运营，几乎获得一致的好评。这列列车能够以每小时10~15英里的速度轻松运载800吨货物。任何运河船只都无法达到这种水平。成功的消息迅速跨越大西洋传到了前殖民地。现在，决策者必须在建设运河或修建铁路间做出决策。虽然铁路技术尚未在美国进行过严格的测试，但巴尔的摩集团还是决定以私人投资的方式建设一条铁路，连接巴尔的摩与俄亥俄河。然而，这一计划最终没有实现，原因是建设成本高于预期且所有建设材料都要从英国进口。与此同时，波士顿的决策领头人也尝试说服市政管理者投入公共资金，建设一条连接波士顿与哈得孙河的铁路。这一努力也宣告失败。最终，还是巴尔的摩集团让这一想法成为现实。巴尔的摩和俄亥俄铁路

（Baltimere and Ohio Railroad）公司成为美国第一家跨州客运和货运承运人。表 12–2 展示了该铁路的建设速度。这项技术最终被证明是安全可靠的，其他干线铁路随后也开始建设，包括莫比尔（the Mobile）—俄亥俄和俄亥俄—宾夕法尼亚干线，这两条铁路都修建于 1847 年；伊利诺伊中央干线修建于 1851 年；特拉华和拉卡瓦那干线修建于 1856 年；纽约中央干线修建于 1857 年。就在巴尔的摩和俄亥俄铁路破土动工的同一天，在 40 英里之外，约翰·昆西·亚当斯总统（John Quincy Adams）正在为切萨皮克–俄亥俄运河破土动工剪彩。这两条运输线里程基本相当，相得益彰。

直到 1852 年，美国东部运河网络的运输量还是上述刚刚开始运营的铁路运输量的两倍。但是，在不到 10 年的时间里，相比于铁路运输，运河运输的主导地位就受到了质疑；1861 年被认为是铁路运输量开始超过运河运输量的一年。19 世纪 40 年代，铁路运输吨位里程翻了一番。从 1850 年至 1859 年，铁路运输吨位里程增长了 7%。1859 年，运河运输吨位里程达到巅峰，为 15.5 亿吨英里。有些货物，如无烟煤的运输还只采用运河运输。就在同一年，铁路运输总量超过 200 万吨英里。在多条运输通道上，运河与铁路展开竞争；运河与铁路线并列而行，这时铁路运输的优势显而易见。

表 12–2　巴尔的摩和俄亥俄铁路的建设进程（1828—1857）

所在地	日期	距离巴尔的摩（英里）
巴尔的摩，马里兰州	1828 年 7 月 4 日	破土动工
弗雷德里克，马里兰州	1831 年	61
哈珀斯费里，西弗吉尼亚州*	1834 年	83
华盛顿特区	1835 年	35
坎伯兰，马里兰州	1842 年	178
派德蒙特，马里兰州	1851 年	198
格拉夫敦，西弗吉尼亚州*	1852 年	265
惠灵，西弗吉尼亚州*	1853 年	379
帕克斯堡，西弗吉尼亚州*	1857 年	344

注：* 美国南北战争期间，属于弗吉尼亚州。

资料来源：Previts and Samson，2000：4。

上述所有运输条件的改善加强了所有殖民地之前的联系。然而，电报的发明才是通信领域的第一次真正的突破。塞缪尔·莫尔斯（Samuel Morse）发明的电报是19世纪通信领域最重要的发展，直到20世纪后半叶蒸汽驱动铁路建成。电报对于商业信息的传播具有革命性的意义。1837年，电报的可行性得到了验证，到1861年10月，西联电报公司（Western Union Telegraph Company）建成了一条从美国东海岸一直到加利福尼亚州的电报线路。水下电报线路的建设使大陆与大陆之间的即时通信成为现实。1851年，第一条跨越英吉利海峡的海底电缆铺设；1865年，欧洲与美国跨越大西洋连接起来。电报是19世纪通信技术的第二个重要进步；电报几乎在瞬间实现了远距离通信。

农业的发展

运输与通信的发展拉开了美国广袤的内陆地区的农业大发展的序幕。北部及中部各州的主要农产品是肉类产品和谷物，尤其是小麦，这些农产品或用于养活日益增长的国内人口，或销往欧洲市场，而欧洲市场的增长速度导致其已经无法再自给自足。

运输领域的发展使越来越多的农场主开始向阿巴拉契亚山脉以西地区迁移，那里有廉价的土地，他们可以把农产品安全地运往各个市场，农业技术也得到了发展。1838年，约翰·迪尔（John Deere）发明了钢犁。虽然谷物仍然必须手工种植，但当19世纪60年代人们发明了播种机和收割机之后，农业产量直线上升。

促进美国农业生产率提高的发明还包括1831年塞勒斯·麦考密克（Cyrus McCormick）发明了用于收割小麦和黑麦等作物的马拉收割机。马拉或骡拉收割机每小时可收割两英亩的作物，而之前一个成年劳动力使用镰刀收割，从日出到日落辛苦劳作一天也只能收割两英亩多一点的作物。这使农业的组织和发展方向发生了巨大变化。到1860年南北战争开始时，主要种植农作物农业企业已经取代了以家庭为基础的农作方式。在农业革命接近尾声时，铁路、蒸汽船和食品加工业已经覆盖了农产品生产地,把城市、港口和农业企业中心地区连接在了一起。

南部的农业

在南部各州,棉花与烟草、染料和水稻等其他重要的经济作物一样,被误认为作物之王。1793年,伊莱·惠特尼(Eli Whitney)发明了一种用以分离棉花的短纤维和种子的方法,因此美国的棉花在欧洲市场的销量开始增长。英格兰的棉花需求量很大,那里的珍妮纺纱机和新型水力织机所生产的棉织品价格低廉,使英格兰迅速主导了世界纺织产品市场。但是,随着殖民地的独立,美国的企业家们开始在国内建立富有竞争力的纺织业,这个行业成为美国南北战争爆发之前美国制造业兴起及整个经济增长的关键因素。对此,布赖恩特(Brant)和德特洛夫(Dethloff)描述如下:

> 对于美国制造业的发展历程而言,棉纺织业的建立具有无可替代的意义。这也见证了船东财富向制造资本的转变,见证了美国与英格兰之间传统的经济联盟的瓦解,以及企业家们或经济创新者在商业领域所发挥的作用。

在南北战争之前的同一时期,美国中部各州的烟草种植者与东部城市的厂商共同开发了欧洲市场,并因此省略了英国中介商这一环节,获得了自己应得的利润。与中部和北部各州的小麦种植者一样,美国最南部的水稻种植者也享受到了欧洲市场对粮食需求的增长所带来的利益。

玉米的重要性

在南北战争之前的半个世纪里,对于南方种植园园主的绅士们而言,棉花确实是作物之王。但实际上,这种情况仅出现在四个州,因为这四个州的法律承认奴隶制。总体而言,玉米的重要性远超其他所有出口的农作物。在美国南部地区以及北部和中北部的农业州,玉米是普通老百姓消费的大部分食物的基础。作为所有农业地区最重要的经济作物,玉米可以通过蒸馏制成威士忌酒，农场主及其家人吃的是玉米，奴隶们吃的也是玉米。玉米被做成玉米饼、玉米粥、玉米糊、玉米馒头等，同时还可以用来喂猪和牛。它在南北方都很有价值，表12–2列举了1839年、1849年及1859年的相关数据。

表12–2　南北战争前美国棉花与玉米的价值比较（1839—1859）

	1839年		1849年		1859年	
	蒲式耳或包（百万）	价值（百万美元）	蒲式耳或包（百万）	价值（百万美元）	蒲式耳或包（百万）	价值（百万美元）
北部地区：						
玉米	182.3	94.8	243.0	136.1	401.7	293.2
南部地区：						
玉米（蒲式耳）	195.2	100.5	349.3	199.6	437.0	319.0
棉花（包）	1.65	50.2	2.46	106.6	5.39	232.8
4个主要产棉州：						
玉米			97.6	54.6	110.0	80.3
5个边境州						
玉米			161.4	90.4	244.5	178.5

资料来源：Kemmerer，1949：237。

工业发展

　　1789年之后的美国发生了一些重塑经济的变化，这些变化发生在运输和农业领域。但是，最大的变化可能发生在工业领域。例如，在纺织业领域，由男子、妇女和儿童操作的复杂机器在新英格兰和俄亥俄峡谷地区涌现，成为新工厂的典型特征。最初，这些新机器是由水力驱动的，但是不久之后，蒸汽机成为这些工厂的标准配置。工业化产品从三个方面改变了产品的生产方式。第一，机器取代了大部分手工劳动。第二，新的原材料（如煤和铁）来源和新能源在生产过程变得重要起来。第三，工人们走出家门，或者离开农场，在工厂里专门从事生产。

　　英国人塞缪尔·斯莱特（Samuel Slater）是纺织贸易最早的创新者之一，他于1789年移居纽约，带来了关于英国纺织业的商业秘密。在罗得岛商人摩西·布朗（Moses Brown）的资助下，斯莱特模仿英国开发建设了一些以水能为动力的小型工厂，他雇用工人全家在工厂劳动，男人、妇女和小孩都参与生产。1801 年，斯莱特建造的工厂在经济上取得了成功，为在新英格兰较大的河流区域建立大型工厂奠定了基础。其中最重要的投资项目是由弗朗西斯·卡博特·洛厄尔（Francis Cabot Lowell）领导的马萨诸塞州的一群商人资助的。以他为首，几个人共同投资成立了一个名为波士顿投盟（Boston Associates）的组织。1813 年，他们投入 40 万美元（在当时，这是一笔巨额资金）成立了波士顿制造公司（Boston Manufactur Company），用以生产棉纺织品。初期投资获得了成功之后，1823 年他们投资建设了美国第一个工业小镇——马萨诸塞州罗威尔镇。那里生产的棉纺织品和纺织机销往世界市场。其他人也跟随他们的脚步，直到南北战争开始，由南方种植园种植的棉花制造的纺织品成为美国企业家们最大的投资机会。通过兴办企业积累的财富为后来制铁、铁路、保险和银行业的发展提供了资金。

波士顿联盟的成功是这个时期美国工商业发展的一个缩影：成功的商人把他们通过贸易活动获得的利润投资于新的制造业务。他们通常会独资或与其他人合作投资开办新的制造工厂。还有一些商人则资助创新者和企业家，帮助他们用机器取代手工生产，开办新的工厂或扩大生产经营。在美国争取独立的早期，这种工匠与商人联合的模式是工业发展的典型特征，极大地促进了美国工业革命的发生。到 19 世纪 50 年代时，美国的人均收入仅次于英国。最终，在发明、木材及金属加工机器制造业领域，美国的工匠－实业家成为世界的领跑者。

农业、工业生产率和运输效率的提高为一些新兴的专业化服务业的发展提供了动力，服务业的发展又反过来促进了农业、工业和运输业的进一步发展。例如，被称为代理商的客商们开始前往南部偏僻的乡村地区，协助种植园主把他们种植的农产品销往各个市场，并从中赚取佣金。在此过程中，代理商为种植园主提供重要的资金和市场信息服务。不久，在主要的运输中心，经纪公司发展起来了，为国内外的买家和种植园主及其代表提供服务。谷物期货合约发展成为成熟的期货市场和商品交易所。在较大的城镇和城市，商人们开始专门代理经营一些小生产商的产品，于是他们成了批发商。还有一些商人接受委托代理，经营某个小生产商的全部产品，他们被称为经销商。经销商采取小批量销售的方式（现在称为分销），通常获取 5% 的佣金。熟悉汇票和信用证的商人开始用他们的交易收益开办商业银行和储蓄银行。其他商人则成立了保险和信用评级服务机构。

结　语

最初，殖民地采用了英国公路信托基金的模式改善公路状况，在这种模式下，投资者支付改善费用，然后通过收取过路费收回投资。这种模式一直沿用到 19 世纪最后几十年，企业家们在新开辟的居住地投资修建公路、桥梁，然后收取过路费、过桥费。但是，直到蒸汽机在内河船只上使用，并且不久之后蒸汽机车在铁路上运行，内陆运输才得到实质性改善。1811 年，从俄亥俄州到密西西比河的第一艘内河船只起运。1815 年，从新奥尔良到匹兹堡的第一次航程开启。

运河与铁路几乎同时在中部和北部前殖民地州发展，然后转移至南部各州。首先是运河，著名的运河是伊利运河，该运河连接布法罗与纽约的奥尔巴尼。与牛车相比，运河船只运送货物和旅客的速度更快，也更便宜，但是与铁路相比，其速度无法保持领先地位。到南北战争爆发时，主要铁路干线可以为北部和中南部大部分地区提供服务。这些铁路干线为北方战胜南方从而取得南北战争的胜利做出了贡献。

由于在早期商业服务发展有如此坚实的基础，南北战争结束后，美国的商业和贸易机构成为促进经济迅猛发展的动力。到 19 世纪末，美国的商业机构已与德国、英国的老牌企业并驾齐驱，成为世界工商业的领头羊。

第 13 章

一个工业国家的兴起
（1865—1920）

从南北战争结束到第一次世界大战在欧洲爆发的 50 年间，美国从一个以农业为基础的国家稳步发展成为一个城市化、工业化国家，其经济主要由大企业驱动。正如历史学家弗农·L. 帕林顿（Vernon L. Parrington）所描述的，这是一个"资本主宰国家"的时代。

在 19 世纪南北战争后的 30 年里，美国从一个年轻的农业国转变为一个现代化工业巨人。在这段时间里，美国经历了战后重建、镀金时代以及对企业似乎在肆意凌虐工人的反思和国家经济的进步时代。进步派试图掌控商业发展，并且开始了一场改革运动，努力遏制政府腐败，保护自然资源。这场改革从 1890 年持续到 1917 年。

战后重建时期开始于南北战争结束时，大约持续到 1877 年。在这一时期，联邦政府实现了对各州的控制。林肯总统提议尽快将南方重新纳入国家体系。林肯遇刺后，强硬派掌握了北方各州。南方过去以奴隶为主要劳动力的种植园经济被以解放了的自由人民从事的自给农业所取代。到这一时期结束时，形成了两个截然不同的经济体：偏中部地区各州形成了缓慢实现工业化的新南方经济体，最接近北方经济领头羊地区的各州形成了农业与小企业并重的旧南方经济体。在旧南方各州，出现了将自由的奴隶融入社会以及与政治和经济生活有关的很多困难。

镀金时代得名于19世纪最后几十年里所创造的各种巨额财富，以及这些财富带来的生活方式。马克·吐温的小说《镀金时代》就是以19世纪最后几十年为背景而创作。在这个时代，商业和金融业巨头们积累了巨额财富，如约翰·D.洛克菲勒（John D. Rockfeller）、杰·古尔德（Jay Gould）、安德鲁·卡内基（Andrew Carnegie）等。在马克·吐温看来，那些巨额财富所带来的生活方式就像镀在金属外面那一层华丽炫目的薄金箔，并没有任何实际价值。许多批评者认为，从这些富翁建立企业的方式来看，他们属于强盗贵族，但这些富翁也是钢铁生产的巨大增长的幕后推手，他们能获取各种自然资源（如木材和金银），并建设了横跨大陆的铁路线。他们经常采取残酷的商业手段来攫取财富。他们的行为最终促使州政府和联邦政府调整了商业政策，从放任转变为严格控制。

进步时代起始于世纪之交，在这一时期，改革派记者针对企业和公共机构的过度行为撰写了一系列文章，并因此引发了政府干预的需求。1870年，美国联邦最高法院受理的一个案件成为这一时期的一个标志性事件，它确立了政府对私营企业的监管权力。为了满足农民的要求，伊利诺伊州对粮食仓库所有者收取粮食储运费用规定了最高价格。但是，芝加哥的粮仓主芒恩（Munn）和斯科特（Scott）拒绝执行这个规定，他们认为这一规定经过合法程序，侵害了他们的财产所有权。而且，联邦政府的这一收费规定超出了其具有的管辖权限，对跨州商业活动进行管制是违宪行为。在判决芒恩与伊利诺伊州这个案子时，美国联邦最高法院依照1676年英国大法官的裁决先例，做出了有利于伊利诺伊州的裁决。在英国大法官所做的判例中，法官认为，如果一个码头为所有人提供装货和卸货服务，它就可被认定为是"受公共利益所影响"的。因此，因使用此设施而收取费用应该公平合理。美国联邦最高法院判决认为，芒恩和斯科特的粮仓"同样受公共利益影响"，因为此粮仓并不限于特定使用者使用。它是一个公共仓库。基于这样的理由，根据法院关于多数人意见的原则，该判决没有违背第14修正法案的规定，该修正案禁止各州未经过适当的法律程序剥夺任何人的生命权、自由权和财产权。这种"假以公共利益名义的法律原则"成为政府对企业进行监管的权利基础。

构建商业体系

在一个奉行自由放任经济哲学的政府领导下，从1870年至20世纪早期，北部各州的工商业取得了巨大的发展，几乎所有行业都经历了技术进步；只有农业情况稍差。人口急剧增长，铁路把整个国家紧密联系在一起，组织和管理经济机构的新方式出现了，制造业和贸易企业蓬勃发展，以满足国内市场对商品和服务迅速增长的需求。

一系列根本性变化构成了南北战争结束后美国工商业变革的基础。图13-1列举了这一时期塑造美国商业体系的四个密切相关的因素。第一个变化是组织构成方式的变革。随着南北战争之前原有的旧式、不规范、独资经营的组织机构运作方式已失去活力，为应对大型国际化企业不断增长的规模和复杂性，组织构成方式发生了变化。当企业扩张或收购其他企业时，它们需要强化组织的职能和流程，同时也要寻找和培训管理者来运营企业。

第二个变化是这一时期开始的企业整合趋势。这一趋势一直持续到20世纪。美国二元经济由此开始，为数不多的大企业与众多小企业共存。合并主要是通过第一批长期的合并和收购来实现的。由于企业规模扩大，必须开发新的管理流程。

第三个变化是经济从主要生产生产资料转为主要生产消费品。第四个变化发生在产品生产方式和销售方式上：规模生产和规模销售成为常态，特别是消费品的生产和销售。过去，根据亚当·斯密关于市场是"看不见的手"的著名理论，所有管理决策都是基于市场因素做出的。但是，在新经济中，管理决策越来越多地基于对消费者需求的了解和科学分析做出。科学原理也应用于蒸汽机的维护和修理。到19世纪80年代，它还被用于确定工人们的工资。

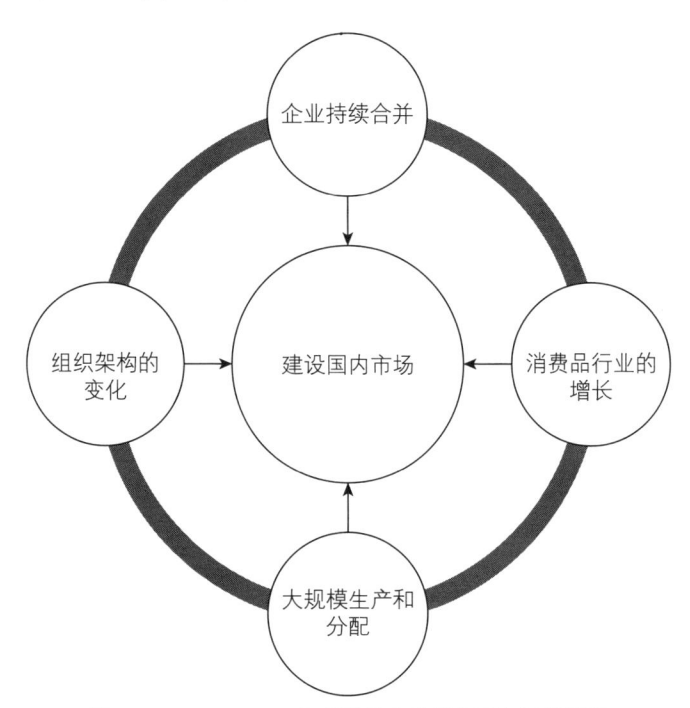

图 13–1　1865—1920 年促进构建美国全国市场的因素

── 组织架构的变化 ──

到 19 世纪 50 年代末，私人铁路已经成为当时最大的、最有实力的行业。1828 年，巴尔的摩和俄亥俄铁路开始修建，这是美国第一条商业铁路。1869 年，中太平洋铁路与联邦太平洋铁路在犹他州普罗蒙特里实现连接，第一条横跨大陆的铁路建成。早期铁路主要由英国投资，铁轨使用的是英国的钢材。南北战争后，美国资本和美国钢材支撑铁路建设的继续发展。到 1890 年，美国已建成 16.6 万英里的铁路，将城市与生产中心连接在一起，形成了从东部海岸到西部海岸的铁路网络。到 1886 年，除了少数矿山专用铁路和工厂专用铁路，所有的铁路都采用了标准铁轨。到 1916 年，已形成的铁路网近 25 万英里。从那时起，铁路建设主要是短途铁路建设及完善铁路网络。在鼎盛时期，铁路公司曾是美国最重要的企业之一。例如，受铁路公司而不是政府推动，美国大陆的四个时区得以确立，以保证相互竞争的各条铁路形成统一标准的运行时刻表。

随着铁路运输的发展，通信方式迎来了新变革或得到了改善。1866年，美国最大的三家电报公司合并成立了西部联盟电报公司（Western Union Telegraph Company）。1861年，该公司建成了第一条横跨大陆的电报线，到2001年已经设立了10多万家代办处。2006年，西部联盟电报公司发出了最后一份电报，此时它已成为一家全球金融服务公司的子公司。

由于早期阶段铁路的快速扩张，铁路企业遇到了前所未有的管理问题。很快，铁路企业的规模大大超过了其他任何私营企业的规模，雇用的员工以及投资规模比同时期任何其他企业的都要大很多。更严重的问题是企业发展战略的复杂性，包括为应对竞争对手的行动而必须面对的巨大的资金需求。

对于像铁路这种全新行业，新来的管理者缺乏有效的管理方式，无法有效地组织铁路运行，但他们又希望公司能持续发展。面对各种运营问题和战略问题，他们必须找到系统的管理方法。铁路公司的管理者在美国历史上率先建立起企业管理职能架构，并且从政府部门（另外一个职能机构）挖员工。

19世纪40年代末之前，美国军队在铁路发展和建设中发挥了主要作用。例如，本杰明·拉特罗布（Benjamin Latrobe）是巴尔的摩和俄亥俄铁路总工程师，虽然他从未在军队服过役。拉特罗布建立了自己的职能架构，建设和运营这条铁路。其建立的管理架构把公司一分为二：一部分是财务部门，处理公司内部和外部的资金需求，关注公司的大战略；另一部分是运营部门，负责车辆和铁路的运营与维护。然后，运营部门又按照地域分成几个独立的运作单位。每一个独立运作单位有三个主管经理：一个负责列车的计划安排和运行，一个负责铁路路基的建设与维护，还有一个负责机器设备和车辆的维修。

纽约伊利铁路公司的总经理丹尼尔·麦卡勒姆（Daniel McCallum）对铁路管理进行了进一步的完善。为了控制急剧上升的运营成本，麦卡勒姆签发了《管理总原则》(General Principles of Management)。这些原则清楚地规定了每一个铁路主管人员的职责，这样的职责规定现在被称为岗位描述。然后，他制定了美国公司历史上第一幅组织架构图。除了要求运营调度人员、代理人员和工程师每天做工作汇报，他还强调职能部门也是沟通部门。到1857年，另外一条铁路线——宾夕法尼亚铁路因为麦卡勒姆有效的管理而被称为世界黄金标准铁路线。西点军校毕业生赫尔曼·豪普特（Herman Haupt）负责管理宾夕法尼亚铁路，后来他成立了美国第一家国内法律机构。

很快，其他铁路公司也仿效麦卡勒姆把公司管理部门分为决策部门和运营部门，安排不同的管理人员负责总体规划和具体运营工作。公司高层管理者的职责是负责公司的未来发展规划及公司各职能部门之间的协调。按照这个方案，公司建立起管理职能架构，设立中层管理职位，这是铁路公司转型成为大企业的关键一步。

除了组织架构方面的变化，铁路企业还建立了良好的资金审批流程，应用了新的财务记账方法，以满足国内和离岸资金需求。它们不只是继续采取复式记账方式，简单记录企业的盈利与亏损，还率先应用了营收比例的方法，这是美国企业的管理者首次应用这种方法。营收比例指企业总收入与利润之比。即使在今天，营收比例仍然是评估企业盈利能力的最基本标准。

资本密集型产业

铁路是早期最典型的资本密集型产业之一，而不是劳动密集型产业。铁路企业的主要费用是资本成本，因此也是最需要建立系统的资本核算体系的企业。到20世纪70年代，铁路公司的管理者根据经营收入对设备的维修和更换收取费用，这是早期的折旧形式。

最终，铁路公司的管理者开发出了成本核算方法。他们把公司的各种成本分成固定成本与可变成本等不同的类别，然后根据成本核算精准查明经营中存在的问题，从而确定利润率和具有竞争力的成本费用率。因此，负责成本核算的人员率先实行了管理定价的方法，而不是由市场这只看不见的手来决定收费价格。

—— 企业的整合 ——

19世纪后半叶，美国经济二元化趋势进入高潮。美国的工商业核心领域由少数大企业主导，与此同时，边缘领域是无数的小企业和创业型企业，它们中有许多都为大企业提供零部件和配件。铁路企业就是最早规模最大的企业之一。19世纪50年代早期，美国全境（从大西洋到大平原）已经形成被称为"由铁路和水运联结在一起的全国性商业体系，伴随着高出生率和大规模的移民，人口急剧增长"。

美国南北战争扼杀了南部各州以农业为基础的经济，使北方各州的工业生产能力急剧扩张。自战争结束至随后的十年里，为满足国内这一新兴市场的需求，经济得以快速增长。随着市场规模的扩大，成功供应这一市场的企业的规模也随之扩大。企业的增长在很大程度上得益于兼并和收购。

从19世纪80年代开始，随着增长和进一步增长的目标开始主导商业思维，企业兼并迅速成为普遍现象，最终形成了1895年至1904年美国的第一波兼并潮。在这一时期，2000多家企业因为兼并而消失。不过，并不是所有的兼并都获得了成功，只有约半数企业存活了几年时间。但是，这确实意味着许多企业生存下来了。在20世纪的最初十年开始时，美国产业的关键领域呈现出寡头垄断的特征，少数大型企业垄断着它们所在的市场，在金属、石油、橡胶、化工、烟草加工、电气机器设备、运输设备和糖精细加工行业，垄断特征尤其典型。南北战争结束初期，创业型企业成长为各个细分领域的大企业成为趋势，并一直延续到19世纪后期。因此，到1900年，少数大企业垄断了美国的大部分产业。

到20世纪最初十年的中期，少数主要企业控制了美国78个产业至少一半的产量。19世纪结束时，美国加速从以农业经济为主体的国家转型成为一个以工业经济为主体的工业化国家。

随着公司规模持续扩大，公司管理越来越复杂，在新的超大型公司中，决策程序开始内化。管理层对价格、生产和销售做出决策影响并掌控着长期需求，而不是对市场因潮流或经济恐慌产生的需求波动简单地进行反应。到20世纪初，全球最大的20家公司中美国有7家公司在列，这20家公司涵盖了美国、英国、日本、澳大利亚和加拿大等国家和地区。

因此，在19世纪后十年和20世纪前十年里，美国工业已基本具备现代产业结构。其特征是寡头垄断、高度集中，一大批高度专业化的小制造企业处于垄断企业的周围，这是自独立战争以来出现的一个趋势。这使美国能够在短短数十年里和两次世界大战之后，成为全世界最具有实力的工业化强国。

—— 消费品工业的发展 ——

消费品包括耐用品、非耐用品和服务产品。耐用品是有形产品，具有相对较长的生命周期。正因为如此，在其生命周期内，耐用品经常需要维护和修理。19世纪的耐用品有自行车、炉灶、冰箱、马车、马鞍、家具以及类似产品。耐用品生命周期较长的属性促进了19世纪末服务业的发展。非耐用品或用于即时消费，或使用时间相对较短。加工食品、化妆品、药品、居家清洁用品、鞋、服装以及其他类似产品都是非耐用产品。客户服务是无形产品，其生产过程也是消费过程，例如，医生或律师提供的服务、马车维修及家政清洁等。19世纪末，随着人口的增长，对于消费品的需求也在增长。1890年，在境外出生的美国人的数量也发生了变化，其占比跃升到大约15%。

19世纪最后30多年及20世纪最初十年里，人口急剧增长，大批人口集中迁移到中部的大城市，而新的铁路将这些城市连接在一起。这一人口统计意义上的变化让企业家们有机会发展大型消费者服务型企业，使规模销售与规模生产相适应以满足国内新兴市场的需求。1860年，美国人口为3100多万人，1890年增加到6300万人，1920年增加到1.06亿人。增长的大部分都是城市人口。1860年，美国16%的人口居住在城镇或城市，居民人数大约为8000多人。到1900年，居住在城镇或城市的人口占比上升到33%，居民总人口大大增加。表13-1展示了从1850年到1920年期间美国的总人口、境外出生人口总数和本土出生人口总数。

表13-1　美国人口、出生地、增长比例及分布（1850—1920）

年份	人口				
	1850	1890	1900	1910	1920
总人口	23 191 876	62 622 250	75 994 575	91 972 266	105 710 620
增长比例		58.81	17.59	17.37	13.00
美国本土出生人数	20 947 274	53 372 703	65 653 299	78 456 380	91 789 928
总增长比例	90.3	85.2	86.3	85.2	83.7
境外出生人数	2 244 602	9 249 547	10 341 273	13 515 886	13 920 692
总增长比例*	9.7	14.8	13.6	14.7	13.2

注：* 由于美国父母在国外生育人数较少，数据不是100%准确。
资料来源：U.S. Census Bureau, 2011a.

服务业的增长

随着企业规模的扩大，企业管理和政府监管日益复杂，中层管理人员的需求无法得到满足。因此，一个为企业提供日常运营服务的产业诞生了。人口急剧增加和为这一市场提供产品的企业快速增长使服务业面临着诸多商业机会，包括会计、市场营销、广告、安保、基建与维护以及其他相关服务。这些专业化公司为企业的发展提供其所需要的资本、市场和商业信息服务。为公司提供服务的企业有银行、保险公司以及股票代理和股票交易、商品交易等机构。为公司提供市场信息的企业包括信用评级机构和研究机构。

随着服装业不再青睐皮草，西方国家的皮草贸易量逐渐减少，南北战争前后寻找矿产资源财富成为诱惑探矿者和采矿者进入西部山区的原因之一。越来越多的移民跟随家人成立公司，为采矿者提供所需要的服务，最终建立起一个服务行业。在加利福尼亚、科罗拉多、亚利桑那、新墨西哥和达科他的采矿区，很快聚集了很多店主、酒吧老板、贸易商、卡车司机、银行家和农场主。

— 规模化生产与规模化销售 —

规模化生产与规模化销售几乎同时出现，原因也几乎相似。二者都是第二次工业革命的一部分，这次革命主要是新的管理程序和技术在生产中的应用；二者都依赖于大型企业组织架构的整合，包括增加中层管理人员；此外，在美国，二者都是国内运输系统改善的产物。南北战争之后，绵延的海岸线系统布满运河、通航内河和港口设施，这与全国性铁路系统一起使全国市场的形成成为可能。这让制造商有信心扩大生产规模，然后又促使新的技术和管理流程得到发展，从而有可能提高产出能力。

规模化生产

美国南北战争期间，规模化生产在北部地区发展起来。战争结束后，移民人口的增长和消费者不断增长的需求加快了规模化生产的步伐。20世纪最初十年里，工业经济的出现促使美国经济完成了转型。1889年，人口统计局的国民收入统计数据显示，美国制造业带来的国民收入第一次超过了农业所产生的国民收入（见表13-2）。虽然1899年的人口经济统计数据显示，美国农业部门所产生的国民收入再次超过工业部门，但是到第一次世界大战前，农业国民收入的增长速度与工业国民收入增长速度几乎相同。

表 13-2　　　　1859—1899 年美国部分产业的国民收入　　　（单位：百万美元）

年份	私人生产收入总量	农业	行业制造业	通信运输业	贸易	服务业
1899	13 836	2 933	2 714	1 528	2 578	2 578
1889	9 578	1 517	2 022	1 154	1 803	1 803
1879	6 617	1 371	960	896	1 166	1 166
1869	6 288	1 517	1 000	718	1 089	1 089
1859	4 097	1 264	495	694	494	494

资料来源：U.S.Census Bureau, Series A 154-164, 1976, 14.

规模生产企业最早出现于 19 世纪 70 年代和 19 世纪 80 年代的液体加工行业，如石油加工、制糖、动物脂油加工和制酒行业，在这些行业中，新的制热方式和化学程序的应用让更少的工人在更短的时间里生产更多的产品成为现实。19 世纪 80 年代，类似于在制烟部门已经使用的可连续运行的机器设备的广泛应用加快了火柴、肥皂、粮食和其他食品以及产品领域规模化生产的发展。几乎同时，规模化生产在金属制造业和金属制品行业的应用同样加快了这些产业的发展。

规模化生产的创新很大程度上归功于联邦军工生产的发展。南北战争期间因武器装备的生产，加工制造业得以发展，催生了用于制造简单的、可替换部件的规模化机器生产的方式。同时，水能的应用，加上之后蒸汽机和电力的应用让规模化生产成为现实。19 世纪 70 年代，大量移民开始涌入，为各经济部门提供了所需的劳动力。为了让缺乏技能的工人适应不断复杂化的机器设备和生产程序，人们开始寻找解决方案。19 世纪 80 年代，一位名叫弗雷德里克·W. 泰勒（Frederic W. Taylor）的工程师创造了这种方式，他称之为科学管理系统。采用这种方式，企业有史以来第一次可以按照事先确定的准确产量控制产出。1914 年，一位哈佛大学的支持者把泰勒提出的这种系统及相关系统总结如下：

（泰勒的）系统的主要目的是提高产出，减少每单位产品的生产成本，提高管理者的工资水平。要实现这个目的：第一，确定最好的设备、原材料和使用方法；第二，挑选最适合实现这一目标的工人，并对他们进行培训；第三，事先确定工人们达成目标的标准，为他们提供需要的工作条件，为完成任务的工人发放奖金。标准的制定必须满足一系列标准化的条件，按照这些条件，确定和使用可获得的最好的材料和设备，在找到更好的材料和设备之前，仅限于使用这些材料和设备。根据专业化分工的原则，工人们所从事的活动严格限制于对机器或工具的实际操作，以及使用工具所需要的原材料。其他所有工作都是管理层的职责。这就是划分计划与执行界限的意义所在。

在执行这一管理流程时，首先要对工人顺利完成一项工作的最佳时间进行分析性研究，即一个工人单独使用一台机器完成某项活动、工作或行动需要多少时间。然后，在排除一切与任务无关（"管理"）的因素的基础上，由分析师确定完成该项任务每一单个目标所需要的最低总时间，再考虑完成该项任务或一个程序的合理时间。接下来，对不可避免的干扰，如疲劳、惰性及其他诸如此类的干扰按照合理的比例给予时间补偿。最终确定的时间就是标准生产时间，用以确定工人的报酬。工人如果在基本时间内完成了工作任务，就将获得奖励。汤普森（Thompson）对实施了泰勒系统的公司在产出和成本方面所发生的变化进行研究后得出结论，这些公司的产出普遍提高两倍或三倍，在一些特定行业部门，产出提高得更多。

除了更好地利用劳动资源实现提高产出的目标，还可以通过实施科学的管理体系来改善库存状况，改善采购和存货量，以及进行成本分析和控制，以提高产出能力。因为对生产程序了然于心，所以没有必要储存太多原材料和零部件来避免因为缺货造成的延迟交货。用于生产的材料可以根据需要采购和交付。第二次世界大战之后，日本采用了即时生产程序（just-in-time，JIT），进一步完善了科学管理体系的基本原则。

规模化销售

在美国，运输条件和通信条件的改善促进了全国市场的建立，进而引发了产品营销和销售的革命性变化。这些变化主要发生在批发和零售

第13章 一个工业国家的兴起（1865—1920）

领域。随后，工业产品和农产品的营销和销售也发生了类似的变化。

这一时期，欧洲移民急剧增长。早期的欧洲移民主要来自北欧国家，之后移民的来源则更加广泛，移民的增长使美国得以快速扩张。1865年至1918年期间，大约有2800万欧洲移民进入美国，大部分移民定居在密西西比河东部城市和城镇。公司结构快速发展，吸收不断增长的劳动力资源，其中许多人也是数百万新增消费者中的一员，支撑着不断新增的零售商店。例如，两次世界大战的早期，连锁店急剧扩张。1929年，大西洋太平洋（A&P）食品连锁店在全美有15 418家连锁店；伍尔沃斯（Woolworth）经营着1825家连锁店；杰西潘尼（J.C.Penney）有1395家连锁店；西夫韦公司有2660家连锁店。西尔斯-罗巴克公司（Sears, Roebuck and Co.）创建于1893年，20世纪20年代已经成为美国最大的邮购公司。1920年，西尔斯在顶峰时期的销售额达2亿美元。为寻找新的增长方式，1925年西尔斯开设了第一家零售店。到1954年，西尔斯的销售额达到了顶峰，以年销售额30多亿美元成为全球最大的销售机构。1921年，美国来自零售批发及零售贸易的收入（85.1亿美元）最终超过了农业部门产生的收入（75.7亿美元）。

制成品销售领域发生了巨大的变化。例如，作为制造商与零售商之间的联系人，经销商发挥了更重要的作用。但是，他们改变了南北战争前寄售的方式，即从生产商手里购买自己经销的商品，从而为生产商提供了扩大经营和生产所需要的资金来源。经销商还在全国建立了成本高昂的采购网络，以不同的采购量为基础与供应商议定采购区间价格。他们还与零售商建立了更加紧密的联系。这些零售商现在在大城市拥有专门的零售折扣店，在农村地区设立了传统的乡村店。

1865年之后的早期，经销商占据了销售行业的主导地位，但是因为规模化销售的大型零售商出现，很快经销商的统治地位就受到了挑战。19世纪60年代到80年代，大型百货商店在全美国的大城市涌现。梅西百货公司（Macy's）、布鲁明戴尔百货公司（Bloomingdale's）和马歇尔·菲尔德百货（Marshall Field）是其中的先驱。在小城镇和乡村地区出现了邮购公司,它们为顾客提供从纽扣、钉子到枪支或房子的买卖,商品种类繁多。1872年,最早的邮购公司蒙哥马利-沃德公司(Montgomery Wand)成立。15年后,西尔斯公司成立。不久之后,这些大型零售商成为自己的经销商,有些甚至成为自己的供应商。

20世纪的变化

在1915年至1920年之间,美国各个部门的经济活动几乎都发生了巨大的增长(见表13-3)。私营部门的生产总收入增长了两倍多,从略低于300亿美元增长到610亿美元,这主要得益于美国参与第一次世界大战的收获以及向欧洲遭受战争创伤的国家提供援助。在这期间,农业部门的收入几乎增长了两倍,从60亿美元增加到106亿美元;工业部门的收入几乎增长了三倍,从1915年的64亿美元增加到1920年的近170亿美元。

表13-3　　　　1900—1920年美国部分行业的国民收入　　　(单位:百万美元)

年份	私营部门生产总收入	农业	行业制造业	通信与运输业	贸易	服务业
1920	60 995	10 569	16 811	7474	10 048	5436
1915	29 114	5921	6401	3346	5677	2837
1910	25 569	5563	5447	2853	4496	2557
1905	19 363	3678	4032	2210	3692	1939
1900	14 550	3034	2941	1626	—	1774

资料来源:U.S.Census Bureau, Series A 154-164,1976,14.

1860年,美国大陆人口为3140多万,并以每十年1000万的速度增长,1900年达到了7600万,1920年达到了1.18亿。美国的工商业在以同样的速度增长。在1920年到1970年的50年间,多种因素促进了美国商业的发展——大量的劳动力,四通八达的可靠的铁路、运河和内陆河流运输体系,可合理利用的矿产和能源以及可自由获取的成本低廉的耕地都是最关键的因素。其他因素包括可利用的投资资金,以及富有创业精神和动机的企业家群体。

来自东欧和南欧前所未有的大量移民使美国的劳动力规模迅速增长。这些移民家庭大部分定居在美国东部的制造中心。1900年至1920年，美国农业部门的工人人数减少，而工业部门的工人人数却增长了近50%，美国从一个农业国家转型成为一个工业国家（见表13–4）。在20年间，工业部门的增长又导致了贸易、销售、金融和服务业的工人人数的增长。

表13–4　　1900—1920年美国部分行业劳动力分布情况　　（单位：千人）

年份	就业总人数	农业	行业制造业	运输业	建筑业	贸易、销售、金融业	服务业
1920	41 339	10 718	11 013	1608	1582	5643	6552
1919	42 029	10 489	10 989	2432	1808	5847	7373
1918	44 187	10 731	11 448	2311	1767	5631	8889
1917	42 685	11 191	11 436	2172	1722	5808	7117
1916	40 127	11 382	10 184	2072	1694	5436	6247
1915	37 728	11 371	8991	2036	1644	4962	2969
1910	37 580	11 610	8990	2015	2177	4622	5467
1905	33 032	10 795	7278	1772	2285	3978	4740
1900	27 378	9552	6090	1355	1639	3224	3942

资料来源：U.S.Census Bureau，Series D 62-76，1976，65.

结　语

19世纪30年代，美国企业开始尝试建立其所需要的管理方法，并采用美国军队的管理方式作为基本模式。如同当时所有的军队一样，美国军队管理方式的特征体现为分级管理，司令部的高级军官负责做出战略决策，分散在各战斗部门的基层军官在战场上执行战略决策。实际上，许多新成立的铁路公司的管理者来自军队，他们在各个岗位行使管理职权。这些人离开部队以后，在管理企业时采用了部队的管理方法。他们采用的另一个新的管理方法是实施精确记录，从而保证司令部与一线战斗部门保持信息同步，并对下一步行动做出决策。因此，通过这种管理方式，铁路企业的管理者改变了美国企业管理的本质特性，并最终改变了西方世界企业管理的本质特性。在美国，直到铁路企业采用了军队的管理方式，才出现了真正意义上的组织管理方面的进步。这些实践者们创造了管理企业的全新方式。

伴随着美国决定参加第一次世界大战，其在企业组织架构转型的过程中走过了 19 世纪。在征兵的同时，美国需要制造武器、军服、车辆、药品与绷带、帐篷，也需要训练场地，为陆军、海军部队作战提供支持。

A Comparative History of Commerce and Industry, Volume I: Four Paths to an Industrialized World by David E.McNabb

ISBN: 978-1-137-50325-1

Copyright © David E.McNabb 2016

First publised in English by Palgrave Macmillan,a division of Macmillan Publishers Limited under the title A Comparative History of Commerce and Industry, Volume I by David E.McNabb edition has been translated and published under licence from Palgrave Macmillan.The author has asserted his right to be identified as the author of this Work.

Simplified Chinese version © 2022 by China Renmin University Press.

All Rights Reserved.

本书中文简体字版由 palgrave macmillan 授权中国人民大学出版社在全球范围内独家出版发行。未经出版者书面许可，不得以任何方式抄袭、复制或节录本书中的任何部分。版权所有，侵权必究。

版权所有，侵权必究

图书在版编目（CIP）数据

繁荣的进程：全球工商业通史. 上卷 /（美）戴维·E. 麦克纳博（David E. McNabb）著；赛迪研究院专家组译. —北京：中国人民大学出版社，2022.3
书名原文：A Comparative History of Commerce and Industry, Volume I: Four Paths to an Industrialized World
ISBN 978-7-300-25412-8

I. ①繁… Ⅱ. ①戴… ②赛… Ⅲ. ①商业史—研究—世界 ②工业史—研究—世界 Ⅳ. ① F731 ② F419

中国版本图书馆 CIP 数据核字（2018）第 006329 号

繁荣的进程：全球工商业通史（上卷）
[美] 戴维·E. 麦克纳博（David E. McNabb） 著
赛迪研究院专家组 译
Fanrong de Jincheng: Quanqiu Gongshangye Tongshi (Shang juan)

出版发行	中国人民大学出版社			
社　　址	北京中关村大街 31 号		邮政编码	100080
电　　话	010-62511242（总编室）		010-62511770（质管部）	
	010-82501766（邮购部）		010-62514148（门市部）	
	010-62515195（发行公司）		010-62515275（盗版举报）	
网　　址	http://www.crup.com.cn			
经　　销	新华书店			
印　　刷	北京联兴盛业印刷股份有限公司			
规　　格	155mm×230mm　16 开本		版　次	2022 年 3 月第 1 版
印　　张	14.75 插页 2		印　次	2022 年 3 月第 1 次印刷
字　　数	204 000		定　价	129.00 元（上下卷）

版权所有　　侵权必究　　印装差错　　负责调换